Paris
1892

Friedrich von Schiller

Oncle ou neveu?

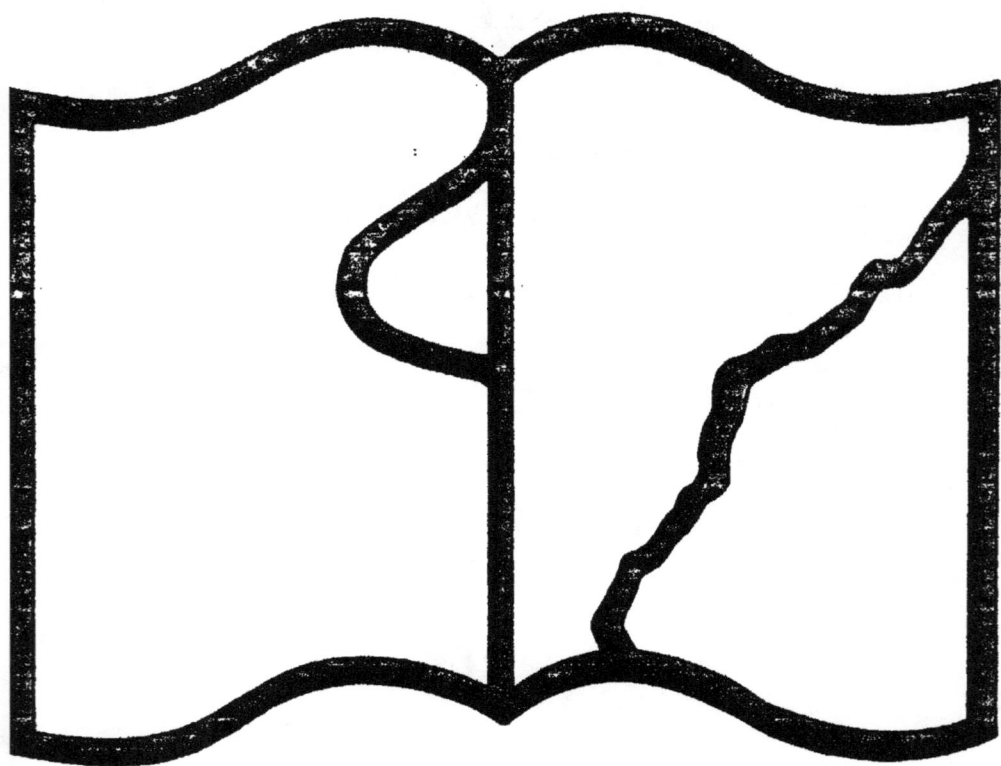

**Symbole applicable
pour tout, ou partie
des documents microfilmés**

Texte détérioré — reliure défectueuse

NF Z 43-120-11

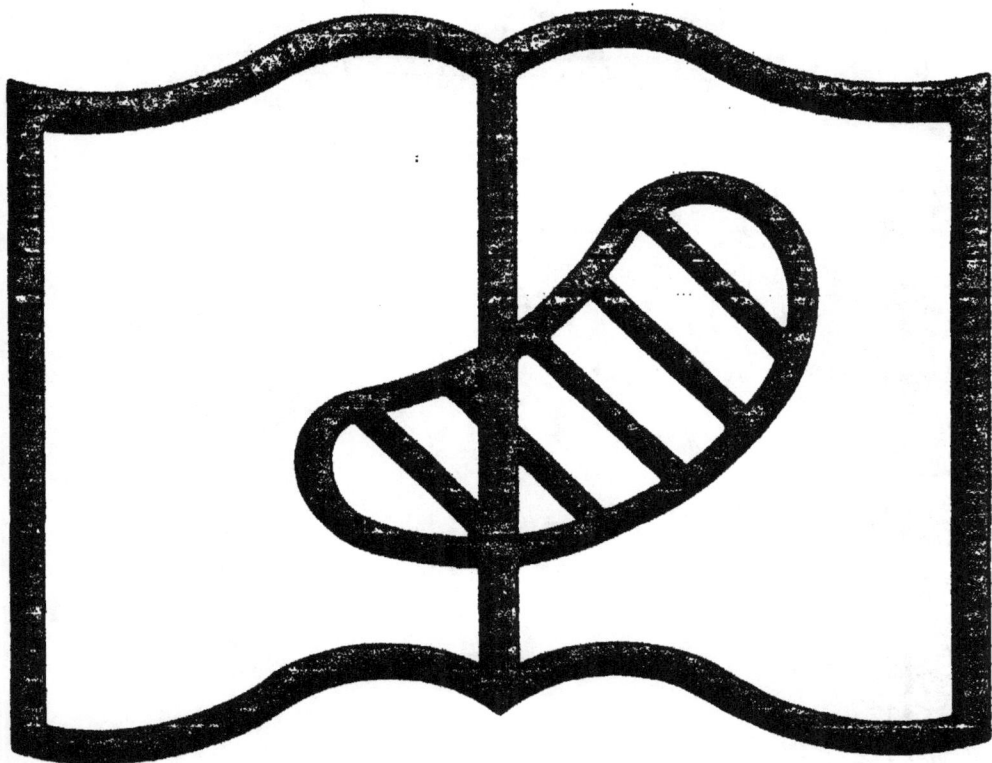

**Symbole applicable
pour tout, ou partie
des documents microfilmés**

Original illisible

NF Z 43-120-10

SCHILLER

ONCLE OU NEVEU?

Comédie en trois Actes

TIRÉE

DU FRANÇAIS DE PICARD

PARIS

LIBRAIRIE HACHETTE ET Cie

79, BOULEVARD SAINT-GERMAIN, 79

ONCLE OU NEVEU?

COULOMMIERS

Imprimerie PAUL BRODARD.

SCHILLER

—

ONCLE OU NEVEU?

Comédie en trois Actes

TIRÉE

DU FRANÇAIS DE PICARD

—⦿⦿⦿—

PARIS

LIBRAIRIE HACHETTE ET Cⁱᵉ

79, BOULEVARD SAINT-GERMAIN, 79

—

1892

Cette traduction allemande de Schiller a été remise en
français par M. Paul Desfeuilles, agrégé de l'Université.

AVERTISSEMENT

—

Encore des Ménechmes, comédie en trois actes et en prose. Représentée pour la première fois, au Théâtre de Feydeau, en 1791; remise au Théâtre de Louvois, par les Comédiens de l'Odéon, le 18 floréal an X. Par L.-B. PICARD. A Paris, ... an X (1802).

Tel est le titre de la petite comédie à quiproquo dont Schiller fit, en 1803, une traduction pour la scène de Weimar. Il a suivi le texte de près, couplet par couplet, presque partout phrase par phrase; cependant sa traduction est libre, en ce sens qu'il ne s'est pas attaché à rendre le détail des expressions : il dit les mêmes choses, mais souvent avec d'autres mots et d'autres tours de phrases; quelques germanismes ajoutés par places donnent de la vivacité au style, qui ne sent pas la traduction. Un ou deux mots à peine semblent n'avoir pas été très bien compris par Schiller.

Peut-être a-t-il parfois rendu le dialogue un peu plus traînant en mettant plus de logique dans l'expression, en ajoutant des *mais* ou des *car*, en insistant sur des idées reprises sous deux formes; enfin il a éclairci, par quelques mots ajoutés pour les annoncer, des imbroglios dont la surprise est réservée entière au lecteur français. Schiller n'a fait là qu'user de son droit d'adaptateur, et sa pièce reste une copie fidèle; d'ailleurs l'original même (et l'auteur l'a avoué) est bien loin d'être une de ces œuvres supérieures qui exigent tous les ménagements.

La facilité du style de la pièce allemande l'a fait inscrire sur le programme des classes. C'est à l'usage des étudiants en allemand, désireux de s'aider dans leurs préparations d'une traduction, que la pièce de Picard a été remise ici en français d'après Schiller, en un français qui vise surtout à l'exactitude. On n'a rien changé dans les cas où l'auteur allemand avait traduit mot à mot. Les principaux passages où il y a intérêt à comparer l'original français aux équivalents allemands ont été signalés dans l'édition classique de M. Briois.

Der Neffe als Onkel, « le Neveu comme oncle, le Neveu en oncle, le Neveu devenu ou fait oncle », titre adopté par Schiller, est généralement rendu dans les éditions françaises par *Oncle et neveu*. Cette traduction peut à la rigueur induire le lecteur en erreur et lui faire espérer une étude morale des rapports d'un oncle avec son neveu. Il s'agit en réalité d'un neveu qui revêt un déguisement et que l'on prend pour son oncle, les gens même qui ont le secret du déguisement ne sachant jamais à qui ils ont affaire, à l'oncle ou au neveu. On a pensé que le titre : *Oncle ou neveu?* annoncerait mieux cette situation [1].

PERSONNAGES

LE COLONEL D'ORSIGNY [1].
MADAME D'ORSIGNY.
SOPHIE, leur fille.
FRANÇOIS D'ORSIGNY, leur neveu.
MADAME DE MIRVILLE, leur nièce.
LORMEUIL, fiancé de Sophie.
VALCOUR, ami du jeune d'Orsigny.
CHAMPAGNE, valet du jeune d'Orsigny.
UN NOTAIRE.
DEUX SOUS-OFFICIERS [2].
UN POSTILLON.
JASMIN, domestique dans la maison [du colonel] d'Or-
   signy.
TROIS LAQUAIS.

La scène représente un salon; il y a au fond une porte
ouvrant sur un jardin. De chaque côté il y a une porte
de cabinet [3].

ONCLE OU NEVEU?

ACTE I

SCÈNE I

VALCOUR *entre précipitamment; après avoir regardé autour de lui pour voir s'il n'y a personne, il s'approche de l'une des bougies qui brûlent sur un bureau, placé vers le devant de la scène, et lit un billet.*

« Monsieur de Valcour est prié de se trouver ce « soir à six heures chez M. d'Orsigny, dans le « salon qui donne sur le jardin; il pourra entrer « par la petite porte, qui reste ouverte toute la « journée. » — Point de signature !... Hum! Hum! singulière aventure.... Si c'était une jolie femme qui me donnât ici un rendez-vous [1]? ...Ce serait charmant.... Mais chut! Qui sont ces deux personnages qui entrent précisément par où je suis entré?

SCÈNE II

FRANÇOIS D'ORSIGNY *et* CHAMPAGNE, *tous
deux enveloppés dans des manteaux*, VALCOUR

D'ORSIGNY, *donnant son manteau à Champagne.*
Eh! bonsoir, mon cher Valcour.

VALCOUR

Comment? Est-ce toi, d'Orsigny? Qu'est-ce qui
t'amène ici? Et pourquoi cet étrange attirail,...
cette perruque, et cet uniforme, qui n'est pas
celui de ton régiment?

D'ORSIGNY

C'est pour ma sûreté.... Je me suis battu avec
mon lieutenant-colonel; il est blessé grièvement,
et je viens me cacher à Paris. Mais comme on me
reconnaît par trop facilement sous mon uniforme,
j'ai pensé que le plus sûr était de prendre le costume de mon oncle. Nous sommes à peu près du
même âge, comme tu sais; et de tournure, de
taille et de teint nous nous ressemblons à s'y
méprendre, et de plus nous portons encore le
même nom. La seule différence, c'est que le
colonel porte une perruque et que moi je porte
mes propres cheveux.... Mais maintenant, depuis
que j'ai pris sa perruque et l'uniforme de son
régiment, je suis moi-même étonné de la grande
ressemblance qu'il y a entre lui et moi. J'arrive
à l'instant et suis enchanté de te trouver si exact
au rendez-vous.

VALCOUR

Au rendez-vous? Comment? Est-ce qu'elle t'en a aussi confié quelque chose?

D'ORSIGNY

Elle? quelle est cette ELLE?

VALCOUR

Eh mais, la jolie femme qui m'a appelé ici par un billet! Tu es mon ami, d'Orsigny, et je n'ai rien de caché pour toi.

D'ORSIGNY, *riant.*

La plus charmante des femmes!

VALCOUR

De quoi ris-tu?

D'ORSIGNY

C'est moi qui suis la jolie femme, Valcour.

VALCOUR

Toi?

D'ORSIGNY

Le billet est de moi.

VALCOUR

Diable! Le joli quiproquo!... Mais quelle idée as-tu de ne pas signer tes lettres?... Des hommes de ma sorte peuvent, en recevant de pareils billets, s'attendre à tout autre chose.... Mais puisqu'il en est ainsi, soit! Entre nous, d'Orsigny, nous ne nous fâchons de rien.... Donc, serviteur [1]!

D'ORSIGNY

Attends donc! Pourquoi te sauver ainsi? Je tenais beaucoup à te parler avant de me faire voir à personne; j'ai besoin de ton assistance; il faut nous entendre.

VALCOUR

C'est bon.... Tu peux compter sur moi; mais maintenant laisse-moi, j'ai des affaires urgentes.

D'ORSIGNY

Ah? Maintenant que je te demande de me rendre un service ?... Pour une aventure galante, tu avais du temps de reste.

VALCOUR

Non pas, mon cher d'Orsigny. Mais il faut que je m'en aille, on m'attend.

D'ORSIGNY

Où?

VALCOUR

A l'hombre.

D'ORSIGNY

Grande affaire !

VALCOUR

Raillerie à part! J'ai là l'occasion de voir la sœur de ton lieutenant-colonel.... Elle fait quelque cas de moi; je lui parlerai en ta faveur.

D'ORSIGNY

Eh bien, soit! Mais fais-moi le plaisir, en passant, de dire à Mme de Mirville, ma sœur, qu'on l'attend ici, au salon du jardin.... Mais ne me nomme pas, entends-tu?

VALCOUR

Oh bien, sois sans crainte! Moi, je n'ai pas le temps, et je vais faire monter quelqu'un chez elle pour l'avertir; je ne la verrai même pas. Je me réserve d'ailleurs de faire plus ample connaissance avec elle dans une autre occasion. J'estime trop le frère, pour ne pas aimer la sœur, — si elle est jolie, s'entend. (*Il sort.*)

SCÈNE III

D'ORSIGNY, CHAMPAGNE

D'ORSIGNY

Par bonheur je n'ai pas si grand besoin de son assistance.... Il s'agit moins pour moi de me cacher (car personne peut-être ne s'avisera de me poursuivre) que de revoir ma chère cousine Sophie.

CHAMPAGNE

Quel heureux homme vous êtes, Monsieur [1]!... Vous revoyez votre bien-aimée, et moi... (*Soupirant.*) ma femme. Quand repart-on pour l'Alsace ? Nous vivions heureux comme les anges, quand nous étions à cent lieues l'un de l'autre [2].

D'ORSIGNY

Chut! Voici ma sœur.

SCÈNE IV

LES PRÉCÉDENTS, MADAME DE MIRVILLE

MADAME DE MIRVILLE

Quoi! est-ce vous? Ah! soyez le bienvenu [3]!

D'ORSIGNY

Certes, voilà qui s'appelle un accueil chaleureux.

MADAME DE MIRVILLE

C'est vraiment gentil à vous, de nous surprendre ainsi! Vous écrivez que vous projetez un lointain voyage, dont vous ne pouvez être de retour que dans un mois au plus tôt, et quatre jours après vous voilà.

D'ORSIGNY

Moi, j'aurais écrit, et à qui?

MADAME DE MIRVILLE

A ma tante. (*Elle voit Champagne qui ôte son manteau.*) Mais où donc est M. de Lormeuil?

D'ORSIGNY

Qui est ce M. de Lormeuil?

MADAME DE MIRVILLE

Votre futur gendre.

D'ORSIGNY

Dis-moi, pour qui me prends-tu?

MADAME DE MIRVILLE

Mais, pour mon oncle apparemment.

D'ORSIGNY

Est-il possible, ma sœur ne me reconnait pas?

MADAME DE MIRVILLE

Ma sœur? Vous, mon frère?

D'ORSIGNY

Moi, ton frère.

MADAME DE MIRVILLE

Cela ne peut pas être. C'est impossible. Mon frère est à son régiment, à Strasbourg; mon frère porte ses cheveux, et ce n'est pas là non plus son uniforme,... et, si grande que soit d'ailleurs la ressemblance....

D'ORSIGNY

Une affaire d'honneur, mais qui ne pourra d'ailleurs avoir de grandes conséquences [1], m'a obligé de quitter au plus vite ma garnison. Pour ne pas être reconnu, je me suis affublé de [2] cet habit et de cette perruque.

MADAME DE MIRVILLE

Est-il possible?... Oh! que je t'embrasse de tout mon cœur, mon cher frère.... Oui, maintenant, je commence à te reconnaître! Mais c'est que la ressemblance est bien surprenante!

D'ORSIGNY

Mon oncle est donc absent?

MADAME DE MIRVILLE

Sans doute, pour le mariage.

D'ORSIGNY

Le mariage?... quel mariage?

MADAME DE MIRVILLE

Celui de Sophie, de ma cousine.

D'ORSIGNY

Qu'entends-je? Sophie, dis-tu, se marie?

MADAME DE MIRVILLE

Eh oui! Ne le sais-tu donc pas?

D'ORSIGNY

Mon Dieu, non!

CHAMPAGNE, *s'approchant.*

Nous ne savons rien du tout [3].

MADAME DE MIRVILLE

M. de Lormeuil, un vieux camarade de guerre de mon oncle, qui habite Toulon, lui a demandé Sophie en mariage pour son fils.... Le jeune

Lormeuil est un très aimable homme, à ce qu'on dit : nous ne l'avons pas encore vu. Mon oncle l'est allé chercher à Toulon; ils doivent faire ensemble un long voyage, pour recueillir [1] je ne sais quel héritage. Dans un mois ils pensent être de retour, et si alors tu es encore ici, tu pourras danser à la noce [2].

D'ORSIGNY

Ah! chère sœur!... mon brave Champagne! Conseillez-moi, venez à mon aide! Si vous ne m'assistez, c'est fait de moi, je suis perdu!

MADAME DE MIRVILLE

Qu'est-ce, mon frère? Qu'as-tu donc [3]?

CHAMPAGNE

Mon maître est amoureux de sa cousine.

MADAME DE MIRVILLE

Ah! En vérité?

D'ORSIGNY

Jamais, jamais [4] il ne faudra permettre que ce funeste mariage se fasse [5].

MADAME DE MIRVILLE

Il sera difficile de le rompre. Les deux pères sont d'accord, il y a parole donnée, les articles sont dressés, et l'on n'attend plus que le fiancé pour les signer et conclure.

CHAMPAGNE

Patience!... Écoutez.... (*Il passe entre eux deux.*) J'ai une idée sublime.

D'ORSIGNY

Parle.

CHAMPAGNE

Vous avez commencé à faire le personnage de

votre oncle : continuez, jouez votre rôle jusqu'au
bout.

MADAME DE MIRVILLE

Beau moyen pour épouser la nièce!

CHAMPAGNE

Doucement ! Laissez - moi développer mon
plan.... Donc, vous êtes votre oncle; vous voilà
le maître dans la maison, et votre premier soin
est de défaire le mariage en question.... Vous
n'avez pu amener le jeune Lormeuil, attendu....,
attendu qu'il est mort.... Cependant Mme d'Orsigny reçoit une lettre de vous, de son neveu, par
laquelle vous lui demandez la main de votre
cousine.... Ceci est de mon emploi à moi : je suis
le courrier qui apporte la lettre, de Strasbourg.
Mme d'Orsigny adore son neveu; elle reçoit la
proposition de la meilleure grâce du monde; elle
vous en fait part comme à son seigneur et maître[1];
et vous ne dites pas non [2] — comme de juste.
Alors vous feignez d'être [3] obligé de partir au
plus vite pour un voyage. Vous donnez à la tante
pleins pouvoirs pour mener à bien l'affaire. Vous
partez, et le lendemain vous reparaissez, avec
vos vrais cheveux, avec l'uniforme de votre régiment, comme si vous ne faisiez que d'arriver, à
bride abattue, de votre garnison. Le mariage a
lieu; l'oncle revient, amenant en visite de céré-
monie son prétendu à lui [4], qui trouve la place
prise, heureusement prise, et ne voit rien de
mieux à faire que de s'en retourner et de chercher une femme soit à Toulon, soit aux Indes
Orientales.

2

D'ORSIGNY

Crois-tu que mon oncle souffrira patiemment que...?

CHAMPAGNE

Oh! il s'emportera, bien entendu! D'abord il y fera chaud.... Mais il vous aime! Il aime sa fille! Vous lui prodiguez les paroles les plus caressantes; vous lui promettez une pleine chambrée de gentils petits-enfants qui lui ressembleront tous autant que vous-même. Il rit, il s'apaise et tout est oublié!

MADAME DE MIRVILLE

Je ne sais si c'est l'extravagance du projet, mais il commence à me séduire.

CHAMPAGNE

Il est divin, le projet.

D'ORSIGNY

Pour gai, il l'est; seulement il est impraticable.... Comme il est probable que ma tante ira me prendre pour mon oncle!...

MADAME DE MIRVILLE

Je vous ai bien pris pour lui, moi!

D'ORSIGNY

Oui, au premier moment.

MADAME DE MIRVILLE

Eh! aussi n'est-ce l'affaire que d'un moment : ne lui laissons pas le temps de revenir de son erreur, sachons agir vite [1].... Nous sommes au soir, l'obscurité nous favorise ; ces lumières n'éclairent pas assez pour rendre la différence sensible. Tu n'as nul besoin d'attendre le jour...;

tu expliques tout de suite qu'il te faut repartir dans la nuit, et demain tu parais sous ta véritable forme. Vite à l'œuvre, nous n'avons pas de temps à perdre.... Écris à notre tante la lettre que ton fidèle Champagne apportera en courrier, et où tu vas lui demander la main de Sophie.

D'ORSIGNY, *allant au bureau.*

Ma sœur! ma sœur! Tu fais de moi tout ce que tu veux.

CHAMPAGNE, *se frottant les mains.*

Comme je me sais gré de ma bonne invention! Quel dommage que j'aie déjà pris femme; je pourrais jouer ici un des premiers rôles, au lieu d'être ainsi réduit à celui de confident.

MADAME DE MIRVILLE

Comment donc cela, Champagne?

CHAMPAGNE

Eh mais, c'est tout simple. Mon maitre passe pour son oncle; je ferais M. de Lormeuil, et qui sait quel sourire pourrait bien encore m'accorder la fortune', si mon maudit mariage....

MADAME DE MIRVILLE

En vérité, ma cousine a lieu d'être désolée!

D'ORSIGNY *cachette la lettre et la donne à Champagne.*

Voici la lettre. Arrange tout comme il te plaira, je m'abandonne à toi.

CHAMPAGNE

Je veux que vous soyez content de moi. Dans un instant j'arrive de Strasbourg en courrier, avec la lettre, éperonné, botté, dégouttant de sueur.... Vous, Monsieur, vous vous comportez vaillamment.... Du courage, de l'audace, de l'effronterie s'il le faut!... Jouez l'oncle, trompez la tante, épousez la nièce, et quand tout sera fait, prenez votre bourse et payez généreusement le loyal serviteur qui aura aidé à la réussite de tous ces admirables plans. (*Il sort.*)

MADAME DE MIRVILLE

Voici ma tante. Elle va te prendre pour mon oncle. Fais comme si tu avais indispensablement à l'entretenir en particulier, et renvoie-moi.

D'ORSIGNY

Mais que vais-je donc lui dire?

MADAME DE MIRVILLE

Tout ce qu'un mari aimable peut dire de plus galant à sa femme.

SCÈNE V

MADAME DE MIRVILLE, MADAME D'ORSIGNY, FRANÇOIS D'ORSIGNY

MADAME DE MIRVILLE

Venez donc, ma chère tante! vite! mon oncle est arrivé.

MADAME D'ORSIGNY

Comment? Quoi? mon mari?... Oui vraiment, le voilà!... Soyez le bienvenu, cher d'Orsigny.... Je ne vous attendais pas si tôt.... Ah çà, vous avez fait, j'espère, bon voyage? Mais pourquoi seul comme cela? Où sont vos gens? Je n'ai pas entendu votre voiture.... Eh! en vérité,... je suis saisie [1],... je suis toute tremblante de surprise et de joie....

MADAME DE MIRVILLE, *bas à son frère.*
Allons, parle donc! Réponds, hardiment!

D'ORSIGNY
Comme je ne suis ici que pour une courte visite, j'arrive seul et dans une voiture de louage.... Quant au voyage, ma chère femme,... le voyage..., ah! il n'a pas été des plus heureux.

MADAME D'ORSIGNY
Vous me faites peur!... Il ne vous est pas arrivé d'accident au moins?

D'ORSIGNY
A moi,... non! pas à moi!... Mais ce mariage.... (*A Mme de Mirville.*) Ma chère nièce, j'ai à dire à ta tante....

MADAME DE MIRVILLE
Je ne veux pas être indiscrète [2], mon oncle. (*Elle sort.*)

SCÈNE VI

MADAME D'ORSIGNY, FRANÇOIS D'ORSIGNY

MADAME D'ORSIGNY
Eh bien, mon ami [3], ce mariage....

D'ORSIGNY
Ce mariage... ne se fera pas [4].

MADAME D'ORSIGNY
Comment! n'avons-nous pas la parole du père?

D'ORSIGNY

Oui, sans doute! mais son fils ne peut épouser notre fille.

MADAME D'ORSIGNY

Ah! Et pourquoi donc pas?

D'ORSIGNY, *en renforçant sa voix.*

Parce que..., parce qu'il est mort.

MADAME D'ORSIGNY

Mon Dieu, quel événement!

D'ORSIGNY

C'est un vrai malheur! Ce jeune homme était ce que sont la plupart des jeunes gens,... un peu libertin[1]. Un soir, dans un bal, il lui prit fantaisie de faire la cour à une charmante et jolie personne; un rival vint se mêler à l'entretien et se permit des plaisanteries blessantes. Le jeune Lormeuil, vif, bouillant, comme on l'est à vingt ans, a mal pris la chose; par malheur il avait affaire à un ferrailleur[2] de profession, qui ne se bat jamais sans tuer son homme. Cette fois encore cette mauvaise habitude l'emporta sur l'adresse de son adversaire; le fils de mon pauvre ami resta sur la place percé de trois coups... mortels.

MADAME D'ORSIGNY

Juste Ciel[3]! combien son père a dû souffrir!

D'ORSIGNY

Je vous le laisse à penser[4]! Et la mère!

MADAME D'ORSIGNY

Comment, la mère? Mais il me semble..., n'est-elle pas morte cet hiver?

D'ORSIGNY

Cet hiver... précisément.... Mon pauvre ami Lormeuil! L'hiver, il voit mourir sa femme, et l'été, voilà qu'il lui faut perdre son fils dans un duel!... Aussi il m'en a coûté de le quitter dans sa douleur! Mais le service est maintenant si rigoureux! Le 20, il faut que tous les officiers soient... à leur régiment! C'est aujourd'hui le 19, je n'ai fait qu'un saut jusqu'à Paris, et il faut que dès ce soir... je reparte pour ma garnison.

MADAME D'ORSIGNY

Comment? si tôt?

D'ORSIGNY

Enfin, c'est le service! Qu'y faire? Mais venons à ma fille.

MADAME D'ORSIGNY

Cette chère enfant est très abattue et rêveuse depuis votre départ.

D'ORSIGNY

Savez-vous ce que je soupçonne? Ce parti, que nous avions trouvé pour elle, n'était pas... de son goût.

MADAME D'ORSIGNY

Ah! Vous le savez?...

D'ORSIGNY

Je ne sais rien.... Mais elle a quinze ans.... N'a-t-elle pu faire déjà d'elle-même un choix, avant que nous en ayons fait un pour elle?

MADAME D'ORSIGNY

Mon Dieu, oui! cela arrive tous les jours.

D'ORSIGNY

Je n'aimerais pas à faire violence à son inclination.

MADAME D'ORSIGNY

Dieu nous en préserve!

SCÈNE VII

LES PRÉCÉDENTS, SOPHIE

SOPHIE, *s'arrêtant tout à coup à la vue
de d'Orsigny.*

Ah! mon père!

MADAME D'ORSIGNY

Eh! qu'as-tu? As-tu peur d'embrasser ton père?

D'ORSIGNY, *après l'avoir embrassée, à part :*

Mais sont-ils heureux [1], ces pères! tout le monde
les embrasse!

MADAME D'ORSIGNY

Tu ne sais sans doute pas encore qu'un malheureux événement a rompu ton mariage.

SOPHIE

Quel événement?

MADAME D'ORSIGNY

M. de Lormeuil est mort.

SOPHIE

Mon Dieu!

D'ORSIGNY, *qui a fixé ses yeux sur elle.*

Oui. Eh bien,... que dis-tu de ce malheur, ma
chère Sophie?

SOPHIE.

Moi, mon père?... Je plains de tout cœur ce malheureux,... mais je ne puis m'empêcher de considérer comme un bonheur... de... voir retarder le jour qui me séparera de vous.

D'ORSIGNY

Mais, ma chère enfant, si tu avais quelque chose à objecter à ce mariage, pourquoi ne nous en as-tu rien dit? Nous ne songeons pas à vouloir forcer ton inclination.

SOPHIE

Je le sais, mon cher père; mais la timidité....

D'ORSIGNY

Plus de timidité! parle avec franchise; ouvre-moi ton cœur.

MADAME D'ORSIGNY

Oui, mon enfant; écoute ton père! il ne veut que ton bien! Il te donnera certainement les meilleurs conseils.

D'ORSIGNY

Ainsi, d'avance, tu haïssais cordialement ce M. de Lormeuil?

SOPHIE

Oh! pour cela non,... mais je ne l'aimais pas.

D'ORSIGNY

Et tu voudrais n'épouser que celui que tu aimes?

SOPHIE

C'est bien naturel.

D'ORSIGNY

Tu en aimes donc... un autre?

SOPHIE

Je n'ai pas dit cela.

D'ORSIGNY

Eh, eh! à peu près pourtant.... Allons, parle [1].
Dis-moi tout.

MADAME D'ORSIGNY

Courage, mon enfant! Oublie que c'est à ton
père que tu parles.

D'ORSIGNY

Imagine-toi que c'est le meilleur, le plus
tendre de tes amis à qui tu parles.... Et, celui
que tu aimes sait-il qu'il est aimé?

SOPHIE

A Dieu ne plaise [2]! Non.

D'ORSIGNY

Est-ce un jeune homme encore?

SOPHIE

Un très aimable jeune homme, et qui a pour
moi un double mérite, car tout le monde trouve
qu'il vous ressemble,... un de nos parents, qui
porte notre nom.... Ah! vous avez deviné qui!

D'ORSIGNY

Pas tout à fait encore, chère enfant.

MADAME D'ORSIGNY

Mais je devine, moi! Je parie que c'est son
cousin, François d'Orsigny.

D'ORSIGNY

Eh bien, Sophie, tu ne réponds rien?

SOPHIE

Approuvez-vous mon choix?

D'ORSIGNY, *à part, réprimant un mouvement
de joie.*

Il nous faut faire le père.... [*Haut.*] Mais, mon
enfant,... il faudra bien réfléchir à cela.

SOPHIE

Pourquoi réfléchir? Mon cousin est le meilleur,
le plus raisonnable....

D'ORSIGNY

Lui? C'est un étourdi, un écervelé, qui, depuis
deux ans qu'il est parti, n'a pas écrit deux fois à
son oncle.

SOPHIE

Il ne m'en a écrit que plus régulièrement, mon
père.

D'ORSIGNY

Vraiment? il t'a écrit? Et tu lui répondais apparemment... sans retard? N'est-ce pas? Non?

SOPHIE

Non, quoique j'en eusse bien envie. Vous me
promettiez tout à l'heure de ne pas contrarier
mon inclination.... Maman, parlez donc pour
moi.

MADAME D'ORSIGNY

Allons, cède, cher d'Orsigny.... Il n'y a plus
rien à faire là contre!... et avoue qu'elle n'aurait pu mieux choisir.

D'ORSIGNY

C'est vrai; il y a plus d'une raison à donner en
faveur de ce parti.... Des deux côtés la fortune est
égale, et à supposer même que ce cousin ait géré
un peu légèrement ses petites affaires,... on sait

bien que le mariage range bientôt un jeune homme.... Si d'ailleurs elle l'aime....

SOPHIE

Ah! beaucoup, beaucoup, mon cher père!... Ce n'est qu'au moment où l'on m'a proposé M. de Lormeuil que je me suis aperçue que j'avais pour mon cousin une inclination.... oh! mais, ce qu'on appelle une inclination vraie.... Et si mon cousin pouvait aussi avoir pour moi une inclination....

D'ORSIGNY, *avec feu.*

Et comment ne se sentirait-il pas d'inclination, ma chère, chère... (*Se reprenant.*), ma bonne Sophie!... Allons, je suis un bon père et je me rends.

SOPHIE

Je puis donc à présent écrire à mon cousin?

D'ORSIGNY

Tout ce que tu voudras. (*A part.*) Que le rôle de père est agréable à jouer ¹ quand on a d'aussi douces confidences à recevoir.

SCÈNE VIII

LES PRÉCÉDENTS, MADAME DE MIRVILLE, CHAM-PAGNE, *en postillon, faisant claquer son fouet.*

CHAMPAGNE

Hé! Holà!

MADAME DE MIRVILLE

Place, voici un courrier.

MADAME D'ORSIGNY

C'est Champagne.

SOPHIE

Le valet de mon cousin.

CHAMPAGNE

Monsieur.... Madame! délivrez-moi de mon inquiétude!... Mademoiselle serait-elle déjà Madame de Lormeuil? non, n'est-ce pas [1]?

MADAME D'ORSIGNY

Non, mon ami, pas encore.

CHAMPAGNE

Pas encore! Grâces au Ciel, j'arrive encore à temps pour sauver la vie à mon pauvre maître.

SOPHIE

Comment? Il n'est pas arrivé malheur à mon cousin?

MADAME D'ORSIGNY

Mon neveu n'est pas malade au moins?

MADAME DE MIRVILLE

Tu me fais peur : comment va mon frère?

CHAMPAGNE

Rassurez-vous, Madame : mon maître se porte fort bien, mais nous sommes dans un cruel état.... Si vous saviez!... Mais, vous allez tout apprendre. Mon maître a rassemblé tout son courage, il a épanché son cœur dans cette lettre à Madame, qu'il appelle sa bonne tante; il vous doit tout ce qu'il est; il met en vous toute sa confiance.... Voici ce qu'il vous écrit. Lisez, et plaignez-le.

D'ORSIGNY

Mon Dieu ! Qu'est-ce donc ?

MADAME D'ORSIGNY, *lisant.*

« Ma chère Tante, j'apprends à l'instant que
« vous êtes sur le point de marier ma cousine.
« Il n'est plus temps de me taire : j'aime So-
« phie.... Je vous en supplie, ma chère Tante, si
« elle n'a pas une forte inclination pour le fiancé
« qu'on lui destine, donnez-la-moi ! Je l'aime si pro-
« fondément, que je suis sûr d'obtenir un jour
« qu'elle aussi m'aime [1]. J'accours, sur les pas de
« Champagne; il vous remettra cette lettre, et
« vous dira ce que j'ai souffert depuis cette ter-
« rible nouvelle. »

SOPHIE

Ce bon cousin !

MADAME DE NIRVILLE

Pauvre d'Orsigny !

CHAMPAGNE

Non, on ne peut donner une idée de ce que
mon pauvre maître a souffert ! « Mais, mon cher
« maître, lui disais-je, tout n'est peut-être pas
« encore désespéré. — Pars, maraud, m'a-t-il dit ;
« je te coupe le cou si tu arrives trop tard. » — Il
peut être brutal parfois, votre cher neveu.

D'ORSIGNY

Insolent !

CHAMPAGNE

Eh ! la la : on dirait que vous vous fâchez,
comme si je parlais de vous. Ce que j'en dis,
c'est par pure amitié pour lui, afin que vous le
corrigiez, vous qui êtes son oncle.

MADAME DE MIRVILLE

Le bon, l'honnête serviteur! Il ne veut que le bien de son maitre.

MADAME D'ORSIGNY

Va, mon ami, va te reposer : tu dois en avoir besoin.

CHAMPAGNE

Oui, Madame, je vais me reposer, à la cuisine [1]. (*Il sort.*)

SCÈNE IX

LES PRÉCÉDENTS, *moins* CHAMPAGNE

D'ORSIGNY

Eh bien, Sophie, qu'en dis-tu?

SOPHIE

J'attends vos ordres, mon père.

D'ORSIGNY

Oui, que faire?

MADAME D'ORSIGNY

Il n'y a pas autre chose à faire : il nous faut sans perdre de temps la lui donner pour femme.

MADAME DE MIRVILLE

Mais enfin ce cousin n'est pas encore ici.

MADAME D'ORSIGNY

D'après sa lettre, il ne peut tarder.

D'ORSIGNY

Eh bien,... puisqu'il en est ainsi... et puisque vous êtes de cet avis, ma chère,... soit! J'y con-

sens et je vais m'arranger de manière que le
bruit des noces....soit passé quand je reviendrai.
— Holà !... mes gens !

SCÈNE X

Deux laquais *entrent et attendent au fond.*
Les précédents.

MADAME D'ORSIGNY

Un mot encore! Votre fermier m'a payé pendant votre absence deux mille écus en billets....
Je lui en ai donné quittance : vous approuvez,
n'est-ce pas ?

D'ORSIGNY

J'approuve tout ce que vous faites, ma chère.
(*A Mme de Mirville, pendant que Mme d'Orsigny
va prendre les billets dans un bureau.*) Puis-je
bien prendre cet argent ?

MADAME DE MIRVILLE

Certes, prends, ou tu te rendras suspect.

D'ORSIGNY, *bas, à sa sœur.*

A la grâce de Dieu! Je vais avec cela payer mes
dettes! (*Haut, en prenant les billets de la main
de Mme d'Orsigny.*) Cet argent me rappelle qu'il y
a un maudit coquin d'usurier qui depuis long-
temps me tourmente pour cent pistoles que...
mon neveu lui a empruntées.... Qu'en dites-vous ?
Acquitterai-je cette dette ?

MADAME DE MIRVILLE

Eh, sans doute [1] ! Vous ne voudriez pas donner
ma cousine pour femme à un mauvais sujet en-
foncé dans les dettes jusqu'au cou.

MADAME D'ORSIGNY

Ma nièce a raison. Quant au surplus, on pourra
l'employer pour les cadeaux de noces.

MADAME DE MIRVILLE

Oui, oui, pour les cadeaux de noces.

UN TROISIÈME LAQUAIS *entrant.*

La marchande de modes de Mme de Mirville.

MADAME DE MIRVILLE

Elle arrive au bon moment. Je vais immédia-
tement lui commander le costume de la mariée.
(*Elle sort.*)

SCÈNE XI

LES PRÉCÉDENTS, *moins* MADAME DE MIRVILLE

D'ORSIGNY *aux laquais.*

Approchez.... (*A Mme d'Orsigny.*) Il va falloir
envoyer chez M. Gaspard, notre notaire.

MADAME D'ORSIGNY

Faites-le plutôt inviter à souper : nous pourrons
tout arranger à loisir.

D'ORSIGNY

C'est vrai. (*A l'un des laquais.*) Toi, passe chez
le bijoutier, dis-lui d'apporter ce qu'il a de plus
nouveau. (*A un autre.*) Toi, tu vas aller chez

3

M. Gaspard, notre notaire; dis-lui que je le prie
à souper pour ce soir. — Ensuite tu retien-
dras quatre chevaux de poste; il faut qu'à onze
heures précises ils soient devant la maison; car
il me faut partir dans la nuit même. (*Au troisième.*) A toi, Jasmin, je réserve une commis-
sion délicate,... tu es intelligent, on peut se fier
à toi [1].

JASMIN

Monsieur, cela vous plait à dire.

D'ORSIGNY

Tu sais où demeure M. Simon, le courtier qui
jadis s'occupait de mes affaires,... qui prêtait toujours à mon neveu mon argent à moi.

JASMIN

Pardi! Comment ne le connaîtrais-je pas? C'est
moi qui étais toujours, comme jockey, au service
de Monsieur votre neveu.

D'ORSIGNY

Va chez lui, apporte-lui ces cent pistoles que
mon neveu lui doit et que je lui paye! N'oublie
pas au moins de te faire donner un reçu.

JASMIN

Il ne manquerait plus que cela [2]!... Quelque
âne!... (*Les laquais sortent.*)

MADAME D'ORSIGNY

Comme il sera surpris, ce brave jeune homme,
en arrivant demain, de trouver les présents de
noces achetés et ses dettes payées.

D'ORSIGNY

Je crois bien ! Je regrette seulement de ne pouvoir être là[1].

SCÈNE XII

LES PRÉCÉDENTS, MADAME DE MIRVILLE

MADAME DE MIRVILLE, *accourant, bas à son frère.*

Sauve-toi, bien vite ! Voici mon oncle qui
arrive avec un Monsieur qui m'a tout l'air d'être
M. de Lormeuil.

D'ORSIGNY, *se sauvant dans un des cabinets.*
Oh ! diable[2] !

MADAME D'ORSIGNY

Eh bien, pourquoi donc vous sauvez-vous si
vite, d'Orsigny?

D'ORSIGNY

Je dois...., j'ai.... Je suis de retour dans un instant.

MADAME DE MIRVILLE, *rapidement.*

Venez donc voir, ma tante, les jolis bonnets
qu'on m'a apportés.

MADAME D'ORSIGNY

Tu fais bien de prendre mon avis. Je m'y entends. Je t'aiderai à choisir.

SCÈNE XIII

LE COLONEL D'ORSIGNY, LORMEUIL, MADAME
D'ORSIGNY, SOPHIE, MADAME DE MIRVILLE

LE COLONEL

Je reviens plus tôt, Madame, que je ne pensais ;
mais c'est tant mieux.... Permettez-moi de vous
présenter Monsieur....

MADAME D'ORSIGNY

Mille pardons, Messieurs,... la marchande de
modes nous attend ; nous sommes ici dans un
moment.... Viens, ma fille. (*Elle sort.*)

LE COLONEL

Eh bien, eh bien ? Cette marchande de modes pourrait bien aussi attendre un moment, il me semble.

SOPHIE

Justement, comme elle ne peut pas attendre,...
vous nous excuserez, Messieurs. (*Elle sort.*)

LE COLONEL

C'est possible,... cependant m'est avis....

MADAME DE MIRVILLE

Les Messieurs, nous le savons bien, ne s'in-
quiètent guère des marchandes de modes ; mais
pour nous ce sont des personnes fort importantes.
(*Elle sort en faisant une grande révérence à Lormeuil.*)

LE COLONEL

Parbleu, je le vois bien, puisqu'on nous plante
là pour elles.

SCÈNE XIV

LE COLONEL D'ORSIGNY, LORMEUIL

LE COLONEL

Belle réception en vérité !

LORMEUIL

Est-ce la coutume des dames de Paris de courir ainsi après leurs marchandes de modes quand leurs maris arrivent ?

LE COLONEL

Je ne sais qu'en penser. J'ai écrit que je ne serais de retour que dans six semaines ; j'arrive tout à coup, et l'on n'en est pas plus surpris que si je n'avais jamais quitté la ville.

LORMEUIL

Quelles sont ces deux jeunes dames qui m'ont salué si poliment ?

LE COLONEL

L'une est ma nièce, et l'autre est ma fille, la fiancée qu'on vous destine.

LORMEUIL

Elles sont toutes deux fort bien.

LE COLONEL

Parbleu ¹ ! Les femmes sont toutes jolies dans ma famille ; mais ce n'est pas tout d'être jolies,... il faut encore être convenables.

SCÈNE XV

LES PRÉCÉDENTS, LES TROIS LAQUAIS *arrivant successivement.*

LE SECOND LAQUAIS, *à la gauche du colonel.*

Le notaire fait dire à Monsieur qu'il regrette vivement de ne pouvoir souper avec lui.... Il ne manquera pas de venir dans l'après-souper chez Monsieur [1].

LE COLONEL

Quel galimatias celui-là vient-il me faire?

LE SECOND LAQUAIS

Les chevaux de poste seront devant la maison à onze heures sonnantes [2]. (*Il sort.*)

LE COLONEL

Des chevaux de poste, quand je ne fais que d'arriver?...

LE PREMIER LAQUAIS, *à la droite du colonel.*

Le bijoutier, Monsieur, a fait banqueroute; il a décampé cette nuit. (*Il sort.*)

LE COLONEL

Qu'est-ce que cela me fait à moi? Il ne me devait rien.

JASMIN, *à sa gauche.*

J'ai été chez M. Simon, comme Monsieur me l'a recommandé. Il était malade et dans son lit. Voici la quittance qu'il vous envoie.

LE COLONEL

Quelle quittance, maraud?

JASMIN

Eh pardi ! la quittance que vous tenez à la main.
Que Monsieur veuille bien la lire.

LE COLONEL, *lisant.*

« Je, soussigné, reconnais avoir exactement
« reçu de M. le colonel d'Orsigny deux mille livres
« que j'avais avancées à Monsieur son neveu. »

JASMIN

Monsieur voit que la quittance est en règle. (*Il
sort.*)

LE COLONEL

Oh ! parfaitement en règle ! Comprenne qui
pourra. J'en demeure tout stupéfait [1].... Le plus
grand fripon de Paris est malade et m'envoie la
quittance de ce que lui doit mon neveu.

LORMEUIL

C'est peut-être sa conscience qui le tourmente.

LE COLONEL

Venez ! venez, Lormeuil. Tâchons de démêler
ce qui nous procure cet agréable accueil,... et
puisse le diable emporter tous les notaires, bijou-
tiers, chevaux de poste, courtiers et marchandes
de modes ! (*Tous deux sortent.*)

ACTE II

SCÈNE I

MADAME DE MIRVILLE, FRANÇOIS D'ORSIGNY, *sortant d'une chambre à gauche et regardant avec précaution de tous côtés.*

MADAME DE MIRVILLE, *arrivant du côté opposé.*

Quelle imprudence! Mon oncle va être ici à l'instant.

D'ORSIGNY

Mais au moins apprends-moi ce que je dois devenir? Tout est-il découvert, et ma tante sait-elle que son prétendu mari n'était que son neveu?

MADAME DE MIRVILLE

On ne sait rien; rien n'est découvert. Ma tante est encore enfermée avec sa marchande de modes; mon oncle jure contre sa femme.... M. de Lormeuil est tout étourdi de l'étrange réception qu'on lui fait, et moi je veux essayer de retarder autant que possible les explications — qui ne peuvent plus guère se faire attendre, et je veux gagner du temps pour disposer notre oncle en ta faveur, ou, s'il n'y a pas d'autre moyen, tourner la tête à ce Lormeuil [1].... Car plutôt que de permettre qu'il épouse ma cousine, je le prendrai moi-même pour mari.

SCÈNE II

LES PRÉCÉDENTS, VALCOUR

VALCOUR, *entrant avec précipitation.*

Ah! d'Orsigny, quelle chance de te rencontrer ici! J'ai mille choses à te dire, et je suis si pressé.

D'ORSIGNY

Le diable l'emporte! En voilà un qui m'arrive à propos!

VALCOUR

Madame peut-elle...?

D'ORSIGNY

Je n'ai pas de secret pour ma sœur.

VALCOUR, *se tournant vers Mme de Mirville.*

Que je suis heureux, Madame, de faire votre connaissance au moment même où je viens d'avoir le plaisir de rendre un signalé service à Monsieur votre frère.

D'ORSIGNY

Qu'entends-je? C'est sa voix. (*Il se sauve dans le cabinet d'où il est sorti.*)

VALCOUR, *continuant sans s'apercevoir de la fuite*
de d'Orsigny.

Si jamais j'étais à même, Madame, de vous être
utile, veuillez me regarder comme votre très dé-
voué serviteur. (*Il ne s'aperçoit pas que, pendant*
qu'il parlait, le colonel d'Orsigny est entré et
s'est mis à la place même de l'autre.)

SCÈNE III

LES PRÉCÉDENTS, LE COLONEL D'ORSIGNY,
LORMEUIL

LE COLONEL

Ah oui!... que ces femmes sont bien faites pour
exercer la patience de leurs maris [1].

VALCOUR, *se retournant et croyant parler au jeune*
d'Orsigny.

Je voulais donc te dire, mon cher d'Orsigny,
que ton lieutenant-colonel n'est pas mort.

LE COLONEL

Mon lieutenant-colonel?

VALCOUR

Celui avec qui tu as eu ce duel. Il a fait écrire
à mon ami Liancour; il te rend pleinement justice et reconnait qu'il a été l'offenseur. La famille,
il est vrai, a déjà commencé contre toi des pour-
suites en justice; mais nous allons tout employer
pour étouffer l'affaire à temps. Je me suis échappé
pour t'apporter cette bonne nouvelle, et je cours,
il le faut, retrouver ma société [2].

LE COLONEL

Bien obligé,... mais....

VALCOUR

Tu peux donc dormir tranquille. Je vais veiller
pour toi. (*Il sort.*)

SCÈNE IV

MADAME DE MIRVILLE, LE COLONEL D'ORSIGNY,
LORMEUIL

LE COLONEL

Dis-moi donc, que me veut ce particulier ¹?

MADAME DE MIRVILLE

Cet homme est fou, vous le voyez bien.

LE COLONEL

C'est donc une épidémie qui a frappé tout le
monde pendant mon absence? Car ce fou n'est
pas le premier que je rencontre ici depuis une
demi-heure.

MADAME DE MIRVILLE

Il ne faut pas que vous attachiez tant d'impor-
tance à la réception un peu sèche de ma tante.
Quand il s'agit de toilettes, il ne faut pas venir
lui parler d'autre chose.

LE COLONEL

Ah! grâce au Ciel, voilà enfin une parole de
bon sens!... Sois donc la première à qui je pré-
sente Monsieur de Lormeuil.

LORMEUIL

Je suis très heureux, Mademoiselle, d'avoir
l'aveu de Monsieur votre père;... mais que me
sert cet aveu, si le vôtre....

LE COLONEL

A l'autre à présent ¹! Est-ce que la folie géné-
rale t'a déjà gagné, mon pauvre ami? Ton compliment est fort gentil; mais c'est à ma fille et
non à ma nièce qu'il fallait l'adresser.

LORMEUIL

Pardon, Madame! Vous ressemblez si bien au
portrait que M. d'Orsigny m'a fait de ma fiancée,
que ma méprise est excusable.

MADAME DE MIRVILLE

Monsieur de Lormeuil, voici ma cousine :
regardez-la bien et assurez-vous de vos propres
yeux qu'elle mérite toutes ces jolies choses que
vous vous apprétiez à me dire.

SCÈNE V

LES PRÉCÉDENTS, SOPHIE

SOPHIE

Je vous demande mille pardons, mon cher père,
de vous avoir ainsi quitté tout à l'heure : maman
m'appelait et j'ai dû obéir.

LE COLONEL

Du moment qu'on reconnait sa faute et qu'on
s'excuse...

SOPHIE

Ah! mon père, comment trouver des mots pour vous exprimer ma joie, ma reconnaissance de ce que vous approuvez ce mariage?

LE COLONEL

Ah! ah! Il te plait donc, ce mariage?

SOPHIE

Oh! oui, beaucoup.

LE COLONEL, *bas à Lormeuil.*

Tu vois comme elle t'aime déjà sans te connaitre! C'est grâce au portrait flatteur que j'ai fait de toi avant de partir.

LORMEUIL

Je vous suis bien obligé.

LE COLONEL

Ah çà! mais il est temps, mon enfant, que je m'inquiète un peu de savoir où est ta mère; j'espère que finalement les marchandes de modes me céderont la place. — Pour toi, tiens en attendant compagnie à Monsieur. Il est mon ami, et je serai charmé s'il devient bientôt le tien, — entends-tu? (*A Lormeuil.*) Allons, maintenant, courage : c'est le moment! Tâche dès aujourd'hui de gagner son cœur, et demain elle est ta femme. — (*A Mme de Mirville.*) Venez, ma nièce! Laissons-les s'arranger entre eux, tout seuls. (*Ils sortent.*)

SCÈNE VI

SOPHIE, LORMEUIL.

SOPHIE

Alors vous serez aussi de la noce?

LORMEUIL

Oui, Mademoiselle.... Il ne parait pas vous déplaire, ce mariage?

SOPHIE

Il convient à mon père.

LORMEUIL

Oui! Mais les arrangements des pères ne sont pas toujours pour convenir à leurs filles.

SOPHIE

Oh! pour ce mariage-là!... c'est bien aussi un peu moi qui l'ai arrangé.

LORMEUIL

Comment cela, Mademoiselle?

SOPHIE

Mon père a eu la bonté de consulter mon inclination.

LORMEUIL

Vous aimez donc celui que l'on destine à être votre époux?

SOPHIE

Je ne m'en cache pas.

LORMEUIL

Vraiment! Et vous ne le connaissez même pas?

SOPHIE

J'ai été élevée avec lui.

LORMEUIL

Vous avez, dites-vous, été élevée avec le jeune
Lormeuil?

SOPHIE

Avec M. de Lormeuil...? Non!

LORMEUIL

Mais c'est lui le fiancé qu'on vous destine.

SOPHIE

Oui, c'était lui, d'abord [1].

LORMEUIL

Comment d'abord?

SOPHIE

Je vois, Monsieur, que vous ne savez pas
encore....

LORMEUIL

Je ne sais rien! Je ne sais rien du tout.

SOPHIE

Il est mort.

LORMEUIL

Qui donc est mort?

SOPHIE

Le jeune M. de Lormeuil.

LORMEUIL

Vraiment?

SOPHIE

Très certainement.

LORMEUIL

Qui vous a dit qu'il était mort?

SOPHIE

Mon père.

LORMEUIL

Eh non, Mademoiselle! Cela ne peut être, cela n'est pas possible.

SOPHIE

Avec votre permission, cela est! Mon père, qui arrive de Toulon, doit le savoir mieux que vous. Ce jeune gentilhomme a eu une querelle dans un bal; il s'est battu et a reçu trois coups d'épée dans le corps.

LORMEUIL

Mais c'est fort dangereux.

SOPHIE

Oh oui; aussi il en est mort.

LORMEUIL

Il vous plait de badiner, Mademoiselle. Personne ne peut vous donner des nouvelles de M. de Lormeuil mieux que moi.

SOPHIE

Que vous? Cela serait plaisant.

LORMEUIL

Oui, Mademoiselle, que moi! Car, pour tout dire enfin,... c'est moi-même qui suis ce Lormeuil; et je ne suis pas mort, à ce que je crois.

SOPHIE

Vous seriez M. de Lormeuil?

LORMEUIL

Et pour qui donc me preniez-vous?

SOPHIE

Pour un ami de mon père, invité par lui à mes noces.

LORMEUIL

Vous vous mariez donc toujours, quoique je sois mort?

SOPHIE

Sans doute.

LORMEUIL

Et avec qui donc, s'il m'est permis de le demander?

SOPHIE

Avec mon cousin d'Orsigny.

LORMEUIL

Mais Monsieur votre père aura bien aussi un mot à dire en cette affaire.

SOPHIE

C'est aussi ce qu'il a fait : il a donné son consentement.

LORMEUIL

Et quand l'a-t-il donné?

SOPHIE

Tout à l'heure,... quelques instants avant votre arrivée.

LORMEUIL

Mais puisque je suis arrivé en même temps que lui.

SOPHIE

Mais non, Monsieur; mon père était ici avant vous.

4

LORMEUIL, *se prenant la tête.*

J'ai le vertige,... tout se met à tourner devant
mes yeux.... Chaque mot que vous me dites me
remplit d'étonnement. Je ne doute pas de vos
paroles [1], Mademoiselle, mais il faut qu'il y ait
là-dessous un mystère que je ne conçois pas.

SOPHIE

Comment, Monsieur, vous auriez parlé sérieusement ?

LORMEUIL

Tout à fait sérieusement, Mademoiselle.

SOPHIE

Vous seriez réellement M. de Lormeuil ?...
Mon Dieu! qu'ai-je fait ?... Mon étourderie, comment la...?

LORMEUIL

Ne regrettez rien, Mademoiselle; votre amour
pour votre cousin est une de ces choses [2] que l'on
aime mieux apprendre avant le mariage qu'après.

SOPHIE

Mais je ne comprends pas....

LORMEUIL

Je vais trouver M. d'Orsigny : peut-être me
donnera-t-il le mot de l'énigme. Mais, quel que
soit ce mot, Mademoiselle, vous serez, j'espère,
contente de moi. (*Il sort.*)

SOPHIE

Il a l'air d'un bien galant homme; et si l'on
ne me force pas de l'épouser, je serai vraiment
enchantée qu'il ne soit pas mort d'un coup
d'épée.

SCÈNE VII

SOPHIE, LE COLONEL ET MADAME D'ORSIGNY

MADAME D'ORSIGNY

Laisse-nous, Sophie. (*Sophie sort.*) Comment,
d'Orsigny, vous osez me soutenir en face que
vous ne m'avez pas parlé, il n'y a qu'un moment?
Et en vérité quel autre que vous, que le maître
de cette maison, que le père de ma fille, que mon
mari enfin, aurait pu faire ce que vous avez
fait!

LE COLONEL

Et que diable dites-vous que j'ai fait?

MADAME D'ORSIGNY

Faut-il que je vous en fasse souvenir? Quoi?
Vous ne savez plus que vous avez eu tantôt un
entretien avec notre fille, que vous avez découvert son inclination pour notre neveu, et que
nous sommes convenus de la lui donner en mariage aussitôt qu'il serait arrivé.

LE COLONEL

Je ne sais pas, — Madame, si tout cela n'est
qu'un rêve de votre imagination, ou si réellement
quelque autre a pris ma place en mon absence.
Dans ce dernier cas, il était grand temps que
j'arrivasse.... Cet autre tue mon gendre, marie
ma fille, me supplante auprès de ma femme; et
ma fille et ma femme s'y prêtent toutes deux de
fort bonne grâce [1].

MADAME D'ORSIGNY

Quel entêtement! — En vérité, Monsieur d'Orsigny, je ne puis rien comprendre à votre façon
d'agir.

LE COLONEL

C'est la vôtre que je ne puis m'expliquer.

SCÈNE VIII

LES PRÉCÉDENTS, MADAME DE MIRVILLE

MADAME DE MIRVILLE

Je pensais bien que je vous trouverais ensemble! — Ah! pourquoi tous les ménages ne
ressemblent-ils pas au vôtre? Jamais de discus-
sions, de querelles! Un seul cœur, une seule âme
toujours! C'est édifiant! Quel exemple à donner!
Ma tante est complaisante comme un ange, et
mon oncle patient comme Job.

LE COLONEL

Tu dis bien vrai [1], ma nièce!... Il faut avoir
comme moi la patience de Job, pour ne point la
perdre [2] à entendre un pareil bavardage.

MADAME D'ORSIGNY

Ma nièce a raison : il faut être complaisante
comme je le suis pour souffrir de pareilles sot-
tises.

LE COLONEL

Eh bien, Madame! Notre nièce ne m'a presque
pas quitté depuis que je suis ici. Voulons-nous,
elle, la prendre pour arbitre?

MADAME D'ORSIGNY

J'y consens très volontiers et m'en rapporte à
sa décision.

MADAME DE MIRVILLE

De quoi s'agit-il?

MADAME D'ORSIGNY

Imagine-toi que mon mari ose me soutenir en
face que ce n'est pas lui que j'ai pris tantôt pour
mon mari.

MADAME DE MIRVILLE

Est-il possible?

LE COLONEL

Imagine-toi, ma nièce, que ma femme veut me
faire accroire que je me suis entretenu avec elle
ici, ici dans cette chambre, au moment même où
je me faisais cahoter sur la route de Toulon.

MADAME DE MIRVILLE

C'est tout à fait inconcevable, mon oncle. — Il
faut qu'il y ait ici un malentendu. — Laissez-moi
dire quelques mots à ma tante.

LE COLONEL

Vois à lui faire entendre raison [1], s'il y a moyen;
mais tu auras bien du mal [2].

MADAME DE MIRVILLE, *bas à madame d'Orsigny.*

Ma chère tante, tout ceci n'est sans doute
qu'une plaisanterie de mon oncle.

MADAME D'ORSIGNY, *de même.*

En effet! il faudrait qu'il fût fou pour soutenir
sérieusement de pareilles billevesées.

MADAME DE MIRVILLE

Savez-vous ce qu'il y a à faire? Payez-le en

même monnaie, rendez-lui la pareille. Faites-lui
sentir que vous ne voulez pas être sa dupe.

MADAME D'ORSIGNY

Tu as raison, laisse-moi faire.

LE COLONEL

Avez-vous bientôt fait? Il me semble qu'il est
temps d'en finir [1].

MADAME D'ORSIGNY, *ironiquement.*

Oui, sans doute, Monsieur, il faut que cela
finisse; et comme le devoir d'une femme est de
ne voir que par les yeux de son mari, je reconnais mon erreur et vais m'efforcer de me figurer
tout ce que vous voudrez.

LE COLONEL

Avec ce ton de persiflage, nous n'en sortirons
jamais [2].

MADAME D'ORSIGNY

Sans rancune, Monsieur d'Orsigny! Vous avez
ri à mes dépens, je ris maintenant aux vôtres, et
ainsi nous sommes quittes. — J'ai quelques visites
à rendre. Si à mon retour l'envie de plaisanter [3]
vous a passé, nous pourrons parler sérieusement.
(*Elle sort.*)

LE COLONEL

Comprends-tu un mot de tout ce qu'elle nous
dit?

MADAME DE MIRVILLE

Je m'y perds [4]. Mais je vais la suivre et tâcher
d'éclaircir la chose. (*Elle sort.*)

LE COLONEL

Essaye, si tu veux. Pour moi, j'y renonce absolument. — Je ne l'ai jamais vue encore aussi

folle et ridicule. Il faut que le diable, en mon absence, ait pris ma figure pour mettre ma maison sens dessus dessous ; je ne trouve pas d'autre explication.

SCÈNE IX

LE COLONEL D'ORSIGNY, CHAMPAGNE, *un peu ivre.*

CHAMPAGNE

Ma foi, il n'y a pas à dire.... On vit ici comme à l'auberge.... Mais où diable sont-ils tous fourrés ?... Je n'ai plus vu âme qui vive depuis que j'ai fait tout ce bruit, en jouant mon rôle de courrier.... Mais tiens ! mon gracieux maître, le capitaine.... Il faut que je sache où en sont nos affaires. (*Il fait au colonel des signes d'intelligence et rit d'un air satisfait.*)

LE COLONEL

Comment diable ! N'est-ce pas ce maraud de Champagne ?... Comment nous arrive-t-il ici, et que veut l'imbécile avec ses grimaces de niais ?

CHAMPAGNE, *de même* [1].

Eh bien, Monsieur ?

LE COLONEL

Je crois que l'animal est ivre.

CHAMPAGNE

Eh bien, qu'en dites-vous ? ai-je bien joué mon rôle ?

LE COLONEL, à *part.*

Son rôle ? Je me doute de quelque chose. — Oui, mon brave Champagne, pas mal.

CHAMPAGNE

Pas mal! Comment? Je l'ai joué à ravir. Avec mon fouet et mes bottes de courrier, n'avais-je pas tout l'air d'un postillon? N'est-ce pas?

LE COLONEL

Oui, oui. — (A part.) Le diable sait ce que j'ai à lui répondre.

CHAMPAGNE

Eh bien, comment ça va-t-il là dedans? Où en êtes-vous maintenant?

LE COLONEL

Où j'en suis.... Comment cela va...? Mais... il n'est pas difficile de te le figurer, comment cela va.

CHAMPAGNE

Le mariage tient ¹, n'est-ce pas?... Vous avez donné votre consentement comme père?

LE COLONEL

Oui.

CHAMPAGNE

Et demain vous reparaissez comme amant, sous votre véritable figure.

LE COLONEL, à part.

C'est un tour de mon neveu.

CHAMPAGNE

Et vous épousez la veuve de M. de Lormeuil,... la veuve! ha! ha! ha!... veuve de mon invention!

LE COLONEL

Pourquoi ris-tu?

CHAMPAGNE

Vous me le demandez? Je ris de la mine que

fera votre respectable oncle quand il reviendra
dans quatre semaines et vous trouvera marié avec
sa fille.

LE COLONEL, à *part.*

J'étouffe de rage.

CHAMPAGNE

Et le prétendu de Toulon qui fait son entrée
avec lui[1] et trouve un autre dans son nid.... J'en
ris comme un bienheureux[2]!

LE COLONEL

C'est tout à fait charmant[3].

CHAMPAGNE

Et à qui devez-vous tout cela? à votre fidèle
Champagne!

LE COLONEL

A toi! Comment cela?

CHAMPAGNE

Et qui donc vous a conseillé de jouer le personnage de votre oncle?

LE COLONEL, à *part.*

Oh! le pendard!

CHAMPAGNE

Mais ce qui est étonnant, c'est combien, oui,
combien vous ressemblez à votre oncle? Je jure-
rais que c'est lui-même, si je ne le savais à cent
milles d'ici.

LE COLONEL, à *part.*

Mon coquin de neveu fait un bel usage de ma
figure.

CHAMPAGNE

Seulement vous avez un air d'âge un peu trop
mûr.... Votre oncle n'a, ma foi, guère plus d'an-

nées que vous. Vous n'auriez pas eu besoin de tant vous vieillir.

LE COLONEL

Tu crois?

CHAMPAGNE

Mais qu'est-ce que cela fait? Puisqu'il n'est pas là pour qu'on procède à une comparaison.... Mais quelle chance, dites, que le bonhomme n'y soit pas! S'il revenait, nous serions bien!

LE COLONEL

Il est revenu.

CHAMPAGNE

Hein? Comment?

LE COLONEL

Il est revenu, te dis-je.

CHAMPAGNE

Bon Dieu! et que faites-vous planté là? Vous restez tranquillement ici? Faites ce qu'il vous plaira; arrangez-vous comme vous pourrez.... Je gagne le large. (*Il veut s'en aller.*)

LE COLONEL

Reste ici, maraud. Double coquin, reste. Voilà donc vos belles inventions, Monsieur le fourbe?

CHAMPAGNE

Comment, Monsieur, est-ce là le remercie-ment que vous me faites?...

LE COLONEL

Reste ici, coquin!... En vérité, ma femme (*A ce mot, Champagne fait un geste d'effroi.*) n'est pas la folle que je pensais.... Et je prendrais une pareille coquinerie en douceur [1]?... Non; Dieu

me damne si je ne me venge pleinement et
sur l'heure.... Il n'est pas tard. Je cours chez
mon notaire : je l'amène avec moi. Cette nuit
même Lormeuil épouse ma fille.... Je surprends
mon neveu.... : il faudra bien qu'il me signe avec
les autres le contrat de sa cousine. Et quant à
toi, gredin...

CHAMPAGNE

Moi, Monsieur, moi aussi je signerai avec les
autres,... je danserai avec les autres aux noces,
si vous l'ordonnez.

LE COLONEL.

Oui, coquin, je te ferai danser.... Et la quittance
des cent pistoles, je le vois clairement maintenant, ce n'est pas à la probité de l'usurier que je
la dois.... Heureusement pour moi, le bijoutier a
fait banqueroute. Mon vaurien de neveu ne se
contentait pas de payer ses dettes avec mon
argent, il en faisait encore de nouvelles sur mon
crédit : c'est bon! il me le payera!... Et toi, mon
honnête garçon, compte sur une bonne récompense.... Je regrette de n'avoir pas ma canne;
mais différé ne sera pas perdu. (*Il sort.*)

CHAMPAGNE

Je tombe des nues! faut-il que ce maudit oncle
revienne juste aujourd'hui et se mette sur mon
chemin tout exprès pour me faire jaser?... Ané
que je suis d'aller lui conter.... Encore si j'avais
bu un verre de trop.... Mais quand je peux dire [1]....

SCÈNE X

CHAMPAGNE, François D'ORSIGNY, Madame de MIRVILLE

Madame de mirville, *s'avançant tout doucement et parlant à la cantonade* [1].

Le champ est libre,... tu peux sortir de là,... il n'y a personne que Champagne.
(*D'Orsigny entre.*)

champagne *se tourne et recule en l'apercevant.*

Mon Dieu! Le voilà déjà qui revient! Gare! la danse va commencer [2]! (*Se jetant aux pieds de d'Orsigny.*) Pitié, Monsieur ; grâce!... grâce pour un pauvre garçon, qui est en vérité innocent,... qui aurait sans doute bien mérité de....

D'ORSIGNY

Qu'est-ce que cela signifie? Lève-toi! Eh ! qu'as-tu à craindre de moi?

CHAMPAGNE

Je n'ai rien à craindre de vous, Monsieur [3]?

D'ORSIGNY

Mon Dieu, non! Bien au contraire, je suis tout à fait satisfait de toi, puisque tu as si bien joué ton rôle.

champagne, *le reconnaissant.*

Comment, mon maître, Monsieur, c'est vous?

D'ORSIGNY

Oui, c'est moi.

CHAMPAGNE

Ah Dieu! Savez-vous que votre oncle est ici?

D'ORSIGNY

Je le sais. Après?

CHAMPAGNE

Je l'ai vu, Monsieur. Je lui ai parlé,... croyant que c'était vous : je lui ai tout dit, il sait tout.

MADAME DE MIRVILLE

Malheureux¹! qu'as-tu fait?

CHAMPAGNE

Est-ce ma faute aussi? Vous voyez que je viens de prendre le neveu pour l'oncle : est-il étonnant que j'aie pris l'oncle pour le neveu?

D'ORSIGNY

Que faire?

MADAME DE MIRVILLE

Il n'y a pas ici d'autre parti à prendre que de quitter la maison.

D'ORSIGNY

Mais s'il oblige ma cousine à épouser Lormeuil....

MADAME DE MIRVILLE

Demain nous parlerons de cela. Pour le moment, sauve-toi, et vite, tandis que le passage est libre. (*Elle le conduit jusqu'à la porte du fond; comme il va pour sortir, Lormeuil entre par la même porte, et le rencontrant, le retient et le ramène sur le devant de la scène.*)

SCÈNE XI

LES PRÉCÉDENTS, LORMEUIL

LORMEUIL

C'est vous? Je vous cherchais.

MADAME DE MIRVILLE, *bas à d'Orsigny.*

C'est M. de Lormeuil. Il te prend pour notre oncle. Donne-lui son congé le plus tôt possible.

LORMEUIL, à *Mme de Mirville.*

Vous nous laissez, Madame?

MADAME DE MIRVILLE

Excusez-moi, Monsieur de Lormeuil. Je reviens à l'instant. (*Elle sort; Champagne la suit.*)

SCÈNE XII

LORMEUIL, FRANÇOIS D'ORSIGNY

LORMEUIL

Vous devez vous rappeler que vous m'avez laissé seul tout à l'heure avec Mademoiselle votre fille.

D'ORSIGNY

Je m'en souviens.

LORMEUIL

Elle est très aimable; la posséder me rendrait le plus heureux des hommes.

D'ORSIGNY

Je le crois.

LORMEUIL

Mais je vous demande en grâce de ne point gêner son inclination.

D'ORSIGNY

Que voulez-vous dire ¹?

LORMEUIL

Assurément, elle est la plus aimable enfant du monde! Mais vous m'avez si souvent parlé de votre neveu François d'Orsigny.... Il aime votre fille.

D'ORSIGNY

Est-il vrai?

LORMEUIL

C'est comme je vous le dis; et il est payé de retour ².

D'ORSIGNY

Qui vous l'a dit?

LORMEUIL

Votre fille elle-même.

D'ORSIGNY

Que faire alors?... Que me conseillez-vous, Monsieur de Lormeuil?

LORMEUIL

D'être bon père.

D'ORSIGNY

Et comment?

LORMEUIL

Vous m'avez dit cent fois que vous aimiez votre neveu comme un fils.... Eh bien donc, don-

nez-lui votre fille et rendez vos deux enfants
heureux.

D'ORSIGNY

Mais vous, dans cet arrangement, que devenez-
vous [1] ?

LORMEUIL

Moi?... on ne veut pas de moi : c'est un malheur!
Mais je ne puis m'en plaindre, puisque votre
neveu m'a devancé.

D'ORSIGNY

Comment? vous seriez capable de renoncer...?

LORMEUIL

Je considère que c'est pour moi un devoir.

D'ORSIGNY, *vivement.*

Ah! Monsieur de Lormeuil! Que de reconnaissance je vous dois!

LORMEUIL

Je ne vous comprends pas.

D'ORSIGNY

Non, non, vous ne savez pas quel grand, grand
service vous me rendez. — Ah! ma Sophie! Comme
nous allons être heureux!

LORMEUIL

Qu'est-ce? comment?... Ce n'est pas M. d'Orsigny?... Serait-il possible?...

D'ORSIGNY

Je me suis trahi.

LORMEUIL

Vous êtes d'Orsigny le neveu? Oui, vous l'êtes....
Certes ce n'est pas vous que je cherchais ici,
mais je suis enchanté de vous voir.... J'aurais
bien, à la vérité, quelque droit de vous en vouloir

de ¹ ces trois coups d'épée que vous m'avez si généreusement envoyés dans le corps....

D'ORSIGNY

Monsieur de Lormeuil!

LORMEUIL

Heureusement ils ne sont pas mortels : n'en parlons plus ²! Monsieur votre oncle m'a dit beaucoup de bien de vous, Monsieur d'Orsigny; et bien loin de vouloir vous chercher querelle, je vous offre de bon cœur mon amitié, et vous demande la vôtre.

D'ORSIGNY

Monsieur de Lormeuil!

LORMEUIL

Je viens tout de suite au fait, Monsieur d'Orsi-gny. Vous aimez votre cousine, et avez bien pour cela les meilleures raisons ³. Je vous pro-mets d'employer tout mon crédit auprès du colonel pour qu'elle vous soit accordée. — En revanche,... je demande que, de votre côté aussi, vous me rendiez un service important.

D'ORSIGNY

Parlez! demandez! Vous vous êtes acquis un droit sacré à ma reconnaissance.

LORMEUIL

Vous avez une sœur, Monsieur d'Orsigny. Et comme vous n'avez d'yeux que pour votre cou-sine, vous n'avez peut-être pas remarqué com-bien votre sœur est charmante. Mais moi, je l'ai fort bien remarqué,... et pour tout dire ⁴.... Mme de Mirville mérite les hommages de tous. Je l'ai vue et je....

5

D'ORSIGNY

Vous l'aimez! Elle est à vous! Comptez sur
moi!... Elle vous sera bientôt favorable, si elle
ne l'est déjà : je vous en suis garant. Admirons
pourtant comme tout s'arrange heureusement!...
Je me fais un ami qui veut m'aider à obtenir
celle que j'aime, et il m'est donné d'assurer à
mon tour le bonheur de cet ami.

LORMEUIL

Il nous est permis d'espérer; mais tout n'est
pas fait encore. Voici votre sœur! Allons, Monsieur d'Orsigny, parlez pour moi! Défendez ma
cause : je défendrai la vôtre auprès de votre
oncle. (*Il sort.*)

D'ORSIGNY

C'est un homme admirable, ce Lormeuil! Que
ma sœur sera une femme heureuse!

SCÈNE XIII

MADAME DE MIRVILLE, FRANÇOIS D'ORSIGNY

MADAME DE MIRVILLE

Eh bien! mon frère, où en sont les choses?

D'ORSIGNY

Tu as fait une conquête, ma sœur. Lormeuil
est sur le coup tombé mortellement amoureux
de toi. Il vient de m'en faire la confidence à l'instant, croyant parler à mon oncle! Moi je lui ai
dit que je lui conseillais de renoncer à toute idée
pareille [1],... que tu avais pour toujours juré de

renoncer au mariage.... J'ai bien fait, n'est-ce
pas?

MADAME DE MIRVILLE

Sans doute.... Cependant... tu n'avais pas précisément besoin de le repousser si durement. Ce
pauvre jeune homme est déjà bien assez malheureux de n'avoir pas réussi auprès de Sophie.

SCÈNE XIV

LES PRÉCÉDENTS, CHAMPAGNE

CHAMPAGNE

Hé! Monsieur, sauvez-vous. Il ne faut pas que
votre tante vous revoie ici : elle va revenir....

D'ORSIGNY

Allons, je pars! Je suis bien sûr à présent que
Lormeuil ne me prendra pas ma cousine. (*Il sort
avec Mme de Mirville.*)

SCÈNE XV

CHAMPAGNE, *seul.*

Me voilà seul! — Champagne, mon ami, tu es
un sot, si tu ne répares ton étourderie de tantôt.
Avoir montré à l'oncle tout notre jeu¹! — Mais
voyons! qu'y a-t-il à faire? — Il faut pour deux
jours ² nous débarrasser ou de l'oncle ou du
futur; sinon rien à tenter. — Mais comment
diable s'y prendre? — Un moment!... exami=

nons! (*Réfléchissant.*) Mon maitre et ce M. de
Lormeuil se sont séparés fort bons amis, je l'ai
vu; mais enfin qu'en tout ceci se fût trouvé pour
eux quelque bon sujet de querelle, c'était assurément possible : ce *possible* me suffit. Partons
de là.... Il me faut, en bon serviteur, prévenir
un malheur! Seul le loyal intérêt que je porte à
mon maitre me guide. — Donc, sans retard au
bureau de police. On prendra là ses mesures, et
sera-ce ma faute alors s'ils prennent l'oncle pour
le neveu?... Qui en peut mais de cette ressemblance?... Le coup d'audace est grand, très grand ;
mais j'en veux courir le risque. — L'entreprise
ne peut manquer; mais quand même.... Non, elle
ne peut manquer! — Mettons les choses au pis :
je suis encore à couvert! Je n'ai fait que mon
devoir! Que l'oncle après cela jette feu et flamme
contre moi, tant qu'il voudra... : je me cache derrière le neveu; je réussis à lui faire épouser sa
cousine [1]; il faudra bien qu'il se montre reconnaissant.... Courage, Champagne, à l'œuvre... : il
y a pour toi quelque gloire à en retirer. (*Il sort.*)

ACTE III

SCÈNE I

LE COLONEL D'ORSIGNY, *entrant; peu
après* LORMEUIL

LE COLONEL

Fallait-il aussi que, juste aujourd'hui, le diable
menât ce notaire souper en ville! J'ai laissé un
billet chez lui; et Monsieur mon neveu s'était
déjà donné cette peine-là.

LORMEUIL, *entrant.*

Cette fois je pense bien avoir devant moi l'oncle
et non pas le neveu.

LE COLONEL

Oui, c'est moi-même! N'en allez pas douter!

LORMEUIL

J'ai, Monsieur, beaucoup de choses à vous dire.

LE COLONEL

Je le crois bien, mon pauvre garçon [1]. Tu dois
être fou de rage.... Mais pas de violences, mon
cher ami, je vous en prie!... Songez que celui

qui vous a offensé est mon neveu!... J'exige
votre parole d'honneur que vous me laisserez à
moi le soin de le punir.

LORMEUIL

Alors permettez-moi....

LE COLONEL

Rien, je ne permets rien! Je vous dis qu'il
n'en sera rien [1]! Voilà comme vous êtes, vous
autres jeunes gens! Vous ne voyez d'autre manière de réparer des torts que de vous couper la
gorge.

LORMEUIL

Mais il s'agit pour moi d'une tout autre situation [2]. Écoutez-moi donc!

LE COLONEL

Mon Dieu! je sais bien! N'ai-je pas été jeune,
moi aussi?... Mais que tout cela ne t'inquiète
pas, mon cher garçon! tu n'en seras pas moins
mon gendre! Tu le seras,... c'est une chose dite.

LORMEUIL

Vos bontés,... votre amitié,... je vous en suis
on ne peut plus reconnaissant.... Mais les cir-
constances sont telles [3]....

LE COLONEL, *plus haut.*

Je n'écoute rien! pas un mot de plus!

SCÈNE II

LES PRÉCÉDENTS, CHAMPAGNE avec DEUX
SOUS-OFFICIERS

CHAMPAGNE, à ces derniers.

Vous voyez, Messieurs! Vous voyez? Ils
allaient en venir aux mains.

LORMEUIL

Que cherchent ici ces gens?

LE PREMIER SOUS-OFFICIER

Nous sommes, Messieurs, vos très obéissants
serviteurs. N'ai-je pas l'honneur de parler à
Monsieur d'Orsigny?

LE COLONEL

D'Orsigny est mon nom.

CHAMPAGNE

Et voici Monsieur de Lormeuil.

LORMEUIL

C'est moi. Mais que me veulent ces Messieurs?

LE SECOND SOUS-OFFICIER

J'aurai l'honneur d'accompagner Monsieur.

LORMEUIL

M'accompagner? où donc? L'idée de sortir ne
m'est pas du tout venue [1].

LE PREMIER SOUS-OFFICIER, au colonel.

Et moi, Monsieur, j'ai ordre de vous servir
d'escorte.

LE COLONEL

Et où donc, Monsieur, prétendez-vous m'escorter?

LE PREMIER SOUS-OFFICIER

C'est ce que je vais vous dire, Monsieur. On a su que vous étiez sur le point de vous battre avec Monsieur que voilà, et afin....

LE COLONEL

Me battre? Et pour quel sujet?

LE PREMIER SOUS-OFFICIER

Parce que vous êtes rivaux; vous êtes tous deux amoureux de Mlle d'Orsigny. Monsieur est le fiancé de la jeune demoiselle, celui que lui a choisi son père. — Et vous, Monsieur, vous êtes son cousin et son amoureux.... Oh! nous savons tout!

LORMEUIL

Messieurs, vous êtes dans l'erreur.

LE COLONEL

Je vous affirme qu'à mon égard il y a erreur dans la personne[1].

CHAMPAGNE, *aux gardes.*

Allons! Ne prenez pas le change, Messieurs! (*A Monsieur d'Orsigny.*) Monsieur, mon cher maître, jetez enfin le masque! Avouez qui vous êtes! Cessez ce jeu où vous ne jouez pas le plus beau rôle.

LE COLONEL

Comment, maraud, c'est encore un de tes tours?

CHAMPAGNE

Oui, Monsieur, c'est moi qui ai employé ce moyen; je ne le nie pas du tout, je m'en vante! j'ai rempli le devoir d'un honnête serviteur, en empêchant un malheur.

LE COLONEL

Vous pouvez m'en croire, Messieurs, celui que vous cherchez, ce n'est pas moi. Je suis son oncle.

LE PREMIER SOUS-OFFICIER

Son oncle? Allons donc! Vous ressemblez extraordinairement à Monsieur votre oncle, dit-on, mais cette ressemblance n'est pas pour nous tromper.

LE COLONEL

Mais regardez-moi donc bien! Je porte une perruque et mon neveu porte ses cheveux.

LE PREMIER SOUS-OFFICIER

Oui, oui, nous savons bien pourquoi vous avez pris le costume de Monsieur votre oncle.... Le tour était ingénieux; nous sommes fâchés qu'il n'ait pas mieux réussi.

LE COLONEL

Mais, Monsieur, écoutez au moins....

LE PREMIER SOUS-OFFICIER

Eh! si nous voulions écouter tous ceux que nous avons ordre d'arrêter, nous n'en finirions jamais. — Veuillez nous suivre, Monsieur d'Orsigny. La chaise de poste est à la porte [1] et nous attend.

LE COLONEL

Hein? comment la chaise de poste?

LE PREMIER SOUS-OFFICIER

Oui, Monsieur. Vous avez quitté secrètement votre garnison : nous avons ordre de vous mettre en voiture sur-le-champ et de vous ramener à Strasbourg.

LE COLONEL

Encore un trait de ce maudit vaurien! Ah! scélérat!

CHAMPAGNE

Oui, Monsieur, c'est moi qui ai eu cette idée.... Vous savez combien j'étais opposé à ce que vous quittiez Strasbourg sans congé.

LE COLONEL, *levant sa canne.*

Non, je ne me retiens plus....

LES DEUX SOUS-OFFICIERS

Modérez-vous, Monsieur d'Orsigny.

CHAMPAGNE

Messieurs, retenez-le, je vous en prie. — Voilà ce que l'on gagne à obliger des ingrats. Je vous sauve peut-être la vie, en empêchant ce funeste duel, et pour récompense vous alliez me tuer, si ces Messieurs n'avaient eu la bonté de vous en empêcher.

LE COLONEL

Que faire, Lormeuil?

LORMEUIL

Pourquoi ne pas vous réclamer des personnes qui vous connaissent?

LE COLONEL

Et à qui diable veux-tu que je m adresse? Ma
femme, ma fille sont sorties,... ma nièce est du
complot,.... tout l'univers est ensorcelé.

LORMEUIL

Si ces gens ne veulent rien entendre, il ne
reste plus qu'à partir, à la grâce de Dieu, pour
Strasbourg.

LE COLONEL

Mais ce serait une malédiction....

LE PREMIER SOUS-OFFICIER, à *Champagne.*

Mais êtes-vous, là, bien sûr que ce soit le
neveu?

CHAMPAGNE

Sans doute, sans doute! L'oncle est bien loin
d'ici.... Tenez bon, n'allez pas faiblir.

SCÈNE III

UN POSTILLON, LES PRÉCÉDENTS

LE POSTILLON, *ivre.*

Holà! hé! Est-ce pour bientôt, Messieurs?
Voilà une heure que mes chevaux sont devant la
maison, et je ne suis pas venu pour attendre [1].

LE COLONEL

Que veut cet homme?

LE PREMIER SOUS-OFFICIER

C'est le postillon qui doit vous conduire.

LE POSTILLON

Tiens! c'est vous, Monsieur le capitaine, qui

partez ?... Vous avez eu vite fait ici vos affaires...,
Vous arrivez ce soir et dans la nuit on repart.

LE COLONEL

Et comment sais-tu...?

LE POSTILLON

Hé, hé! n'est-ce pas moi qui vous ai déposé
tantôt à la porte de derrière de cette maison?
Vous voyez, mon capitaine, que j'ai bien placé
votre argent;... oui, oui,... quand on me donne
pour boire, j'ai ça de bon, je remplis conscien-
cieusement les intentions du bienfaiteur.

LE COLONEL

Que dis-tu, mon garçon, tu prétends m'avoir
conduit, moi?

LE POSTILLON

Oui, vous, Monsieur. Eh oui, parbleu! Et voilà
votre domestique qui courait devant.... Salut,
filou! C'est lui qui m'a glissé en confidence que
vous étiez un capitaine qui veniez de Strasbourg
à Paris incognito....

LE COLONEL

Quoi, maraud! tu soutiendras que c'est moi?...

LE POSTILLON

Bien sûr, vous, et qui tout le long du chemin
vous parliez tout haut à vous-même et recom-
menciez toujours : « O ma Sophie! ma chère
petite cousine! mon ange!... » Comment? Vous
l'avez déjà oublié?

CHAMPAGNE, au colonel.

Ce n'est pas moi, Monsieur, qui lui souffle ces
propos-là.... Mais aussi va-t-on parler ainsi tout
haut de sa maîtresse, sur la grand'route !

LE COLONEL

Allons, il est écrit que j'irai à ¹ Strasbourg,
pour les péchés de mon neveu!

LE PREMIER SOUS-OFFICIER

Eh bien, Monsieur le capitaine....

LE COLONEL

Eh bien, Monsieur... l'escorte, il me faut vous
suivre, mais c'est, je vous assure, bien malgré
moi.

LE PREMIER SOUS-OFFICIER

Ah! mon capitaine, nous sommes bien accou-
tumés à être au service des gens malgré eux.

LE COLONEL [à *Champagne*].

Tu es donc mon valet?

CHAMPAGNE

Oui, Monsieur.

LE COLONEL

Par conséquent, je suis ton maitre?

CHAMPAGNE

Cela va sans dire.

LE COLONEL

Un valet doit suivre son maitre.... Tu vas venir
avec moi à Strasbourg.

CHAMPAGNE, à *part*.

Sapristi!

LE POSTILLON

Ça va sans dire. — En route!

CHAMPAGNE

Je le regrette, Monsieur, je vais vous affliger....
Vous savez combien est grand mon attachement

pour vous (je vous en donne dans ce moment
une forte preuve),... mais vous savez aussi combien j'aime ma femme. Je l'ai revue aujourd'hui
après une longue séparation. La pauvre femme
m'a montré un cœur si joyeux de me voir de
retour, que j'ai résolu de ne la plus quitter jamais
et de vous demander mon congé. Vous vous
rappelez, n'est-ce pas? que vous me devez mes
gages de trois mois.

LE COLONEL

Trois cents coups de canne, voilà ce que je te
dois, drôle!

LE PREMIER SOUS-OFFICIER

Monsieur le capitaine, vous n'avez aucun
droit d'emmener à Strasbourg, malgré lui, cet
honnête garçon... et si vous lui devez encore un
arriéré....

LE COLONEL

Rien, je ne lui dois pas un liard.

LE PREMIER SOUS-OFFICIER

Ce n'est pas une raison pour le payer en coups
de canne.

LORMEUIL

Il faut voir à le tirer de là.... S'il n'y a rien à
faire,... eh bien, à la garde de Dieu, partez, Monsieur d'Orsigny. Heureusement je suis libre; j'ai
des amis; je cours les mettre en mouvement, et je
vous ramène avant le jour.

LE COLONEL

Et moi je vais donner de l'argent à ce postillon,
afin qu'il aille aussi doucement que possible et
que vous puissiez me rattraper.... (*Au postillon.*)

Tiens, l'ami postillon! tu boiras cela à ma santé!... mais il faudra que tu me mènes....

LE POSTILLON, *avec effusion* [1].

A faire fumer les chevaux.

LE COLONEL

Eh! non, non! ce n'est pas ainsi que je l'entends....

LE POSTILLON

Je vous mènerai comme en venant : du train dont le diable vous emporterait!

LE COLONEL

Le diable t'emporte toi-même, maudit ivrogne! Quand je te dis....

LE POSTILLON

Vous êtes pressé? Moi aussi! Soyez tranquille! Il faut que nous marchions à faire sauter loin les étincelles. (*Il sort.*)

LE COLONEL, *le suivant.*

L'animal me met en rage! Attends-moi donc, écoute!

LORMEUIL

Calmez-vous! votre voyage ne sera pas long.

LE COLONEL

Je crois que tout l'enfer est aujourd'hui déchaîné. (*Il sort, suivi du sous-officier.*)

LORMEUIL, *à l'autre sous-officier.*

Venez, Monsieur; suivez-moi, puisque vous en avez reçu l'ordre, mais je vous préviens que je ne ménagerai pas vos jambes! Et si vous avez compté dormir cette nuit, vous serez diablement [2] attrapé, car nous ne ferons que courir les rues.

LE SECOND SOUS-OFFICIER

A votre aise, Monsieur, ne vous gênez pas. Serviteur, Monsieur Champagne. (*Lormeuil et le second sous-officier sortent.*)

SCÈNE IV

CHAMPAGNE, *puis* MADAME DE MIRVILLE

CHAMPAGNE, *seul.*

Ils sont partis. — Bravo, Champagne! La victoire est à nous. Courage! de l'activité! faisons le mariage dès cette nuit.... Voici la sœur de mon maître, je puis tout lui dire.

MADAME DE MIRVILLE

Ah! te voilà, Champagne? Ne sais-tu pas où est mon oncle?

CHAMPAGNE

Sur la route de Strasbourg.

MADAME DE MIRVILLE

Comment? explique-toi.

CHAMPAGNE

Bien volontiers, Madame. Vous ne savez peut-être pas que mon maître et ce M. Lormeuil ont eu ensemble une violente querelle.

MADAME DE MIRVILLE

Au contraire. Ils se sont séparés les meilleurs amis du monde, je le sais.

CHAMPAGNE

Eh bien! moi, je ne l'ai pas su. Et dans l'ardeur de mon zèle, je suis allé chercher du secours

à la police. Je suis revenu avec deux sous-officiers, dont l'un avait ordre de suivre tous les
pas de M. de Lormeuil, et l'autre de reconduire
mon maître à Strasbourg.... Et ne voilà-t-il pas
que le diable s'empare de ce maudit sergent, lui
fait prendre l'oncle pour le neveu, le lui fait em-
baller quasi de force dans la chaise de poste,...
et puis fouette cocher, à Strasbourg [1]!

MADAME DE MIRVILLE

Comment, Champagne, tu fais voyager mon
oncle à la place de mon frère? il est impossible
que tu parles sérieusement.

CHAMPAGNE

Pardon! je parle très sérieusement.... L'Alsace
est un pays charmant, avec lequel Monsieur le
colonel n'a pas encore fait connaissance; c'est un
petit agrément que je lui procure.

MADAME DE MIRVILLE

Tu as encore le courage de plaisanter! Mais que
fait M. de Lormeuil?

CHAMPAGNE

Il promène son sergent par la ville.

MADAME DE MIRVILLE

Pauvre jeune homme! Il mérite bien que je
m'intéresse à lui.

CHAMPAGNE

Allons, Madame! à l'œuvre! Ne perdons point
de temps. Quand une fois mon maître aura
épousé sa cousine, nous ferons revenir l'oncle. Je
vais à la recherche de mon maître, je l'amène ici,
et pour peu que vous nous secondiez, il faut que
cette nuit même tout soit arrangé. (*Il sort.*)

6

SCÈNE V

MADAME DE MIRVILLE,
puis MADAME D'ORSIGNY, SOPHIE

MADAME DE MIRVILLE
Quel fieffé coquin[1]; mais il s'y est si bien pris,
que me voilà forcée d'être sa complice.... Voici
ma tante; il me faut lui cacher la vérité.

MADAME D'ORSIGNY
Ah! ma chère nièce! Tu n'as pas vu ton oncle?

MADAME DE MIRVILLE
Eh quoi? n'a-t-il pas pris congé de vous?

MADAME D'ORSIGNY
Comment — congé?

MADAME DE MIRVILLE
Oui : il est parti.

MADAME D'ORSIGNY
Parti? depuis quand?

MADAME DE MIRVILLE
Il n'y a qu'un instant.

MADAME D'ORSIGNY
Je ne comprends pas cela. Il ne voulait partir
que vers onze heures. Et où est-il allé, si vite?

MADAME DE MIRVILLE
C'est ce que je ne sais pas. Moi, je ne l'ai pas
vu partir; c'est Champagne qui m'a dit la chose.

SCÈNE VI

Les précédents, François D'ORSIGNY, *dans son uniforme véritable et sans perruque*, CHAMPAGNE

CHAMPAGNE

Le voici, Madame, le voici !

MADAME D'ORSIGNY

Qui? mon mari?

CHAMPAGNE

Eh non! mon maitre, Monsieur le capitaine.

SOPHIE, *s'avançant à sa rencontre.*

Mon cher cousin!

CHAMPAGNE

Il avait bien raison de dire qu'il arriverait en même temps que sa lettre.

MADAME D'ORSIGNY

Mon mari part, mon neveu arrive : avec quelle rapidité les événements se succèdent!

D'ORSIGNY

Je vous revois enfin, ma chère tante! J'arrive bien inquiet, bien impatient de savoir....

MADAME D'ORSIGNY

Bonsoir, mon cher neveu.

D'ORSIGNY

Quel froid accueil!

MADAME D'ORSIGNY

Je suis enchantée de te voir. Mais mon mari....

D'ORSIGNY

Serait-il arrivé quelque accident à mon oncle?

MADAME DE MIRVILLE

Mon oncle est revenu ce soir d'un grand voyage, et il vient à l'instant de disparaître de nouveau, sans que nous sachions où il est allé.

D'ORSIGNY

C'est bien singulier.

CHAMPAGNE

C'est tout à fait surprenant!

MADAME D'ORSIGNY

Mais voilà Champagne! Il peut, lui, nous faire sortir tous de ce rêve.

CHAMPAGNE

Moi, Madame?

MADAME DE MIRVILLE

Sans doute. C'est à toi seul que mon oncle a parlé au moment de son départ.

CHAMPAGNE

C'est vrai! Il n'a parlé qu'à moi.

D'ORSIGNY

Voyons, réponds : pourquoi est-il parti si subitement?

CHAMPAGNE

Pourquoi? Eh! c'est qu'il lui a bien fallu! Il en avait reçu l'ordre du gouvernement.

MADAME D'ORSIGNY

Que dis-tu?

CHAMPAGNE

Il est chargé d'une mission secrète très importante, qui demande la plus grande célérité,...

qui demande un homme..., un homme enfin.... Je n'en dis pas davantage! Mais vous avez bien lieu, Madame, d'être fière que le choix soit tombé sur Monsieur votre mari.

MADAME DE MIRVILLE

Assurément! Une pareille distinction honore toute la famille!

CHAMPAGNE

Madame comprendra qu'il ne pouvait, dans ces conditions, s'amuser à de longs adieux. « Champagne, m'a-t-il dit, je pars pour affaires d'État importantes; je vais à..., à Saint-Pétersbourg. L'État commande,... je dois obéir.... Au premier relais j'écrirai à ma femme.... Quant au mariage de mon neveu avec ma fille,... elle sait que je l'approuve entièrement. »

D'ORSIGNY

Qu'entends-je? mon cher oncle aurait....

CHAMPAGNE

Oui, Monsieur, il consent.... « Je donne à ma femme des pouvoirs illimités, dit-il, pour tout terminer; j'espère à mon retour trouver notre fille mariée et heureuse. »

MADAME D'ORSIGNY

Et il est parti comme cela tout seul?

CHAMPAGNE

Seul? Non pas! Il était accompagné d'un Monsieur qui avait un certain air mais bien distingué.

MADAME D'ORSIGNY

Je n'en reviens pas.

MADAME DE MIRVILLE

Nous connaissons son désir. Faisons en sorte qu'à son retour il les trouve mari et femme.

SOPHIE

Son consentement ne me semble pas le moins du monde douteux, et je ne me ferai aucun scrupule d'épouser tout de suite mon cousin.

MADAME D'ORSIGNY

Oh! moi, j'en ai, des scrupules,... et je veux attendre sa première lettre.

CHAMPAGNE, à *part*.

Nous voilà bien avancés d'avoir envoyé l'oncle à Saint-Pétersbourg!

D'ORSIGNY

Mais, ma chère tante....

SCÈNE VII

LES PRÉCÉDENTS, LE NOTAIRE

LE NOTAIRE, *se plaçant entre d'Orsigny et sa tante*.

J'ai l'honneur d'offrir mes très humbles hommages à toute la compagnie [1].

MADAME D'ORSIGNY

Eh! voilà Monsieur Gaspard, le notaire de la maison.

LE NOTAIRE

Tout à vos ordres, Madame. Monsieur votre époux a bien voulu se transporter de sa personne chez moi.

MADAME D'ORSIGNY

Comment? mon mari serait passé chez vous avant son départ?

LE NOTAIRE

Avant son départ? Que me dites-vous là? Tiens, tiens! c'est donc pour cela que Monsieur le colonel avait tant de hâte et n'a pas voulu m'attendre chez moi. Voici le billet que Monsieur le colonel a bien voulu me laisser.... Vous plaît-il, Madame, d'y jeter les yeux? (*Il tend le billet à Mme d'Orsigny.*)

CHAMPAGNE, *bas à d'Orsigny.*

C'est le notaire que votre oncle avait mandé.

D'ORSIGNY

Oui, pour le mariage de Lormeuil.

CHAMPAGNE, *bas.*

Si nous pouvions nous servir de lui pour le vôtre?

D'ORSIGNY

Chut! Écoutons ce qu'écrit mon oncle.

MADAME D'ORSIGNY, *lisant.*

« Veuillez prendre la peine, Monsieur, de pas-
« ser, dès ce soir, chez moi et d'apporter le contrat
« que vous avez dressé pour ma fille. J'ai mes rai-
« sons pour conclure ce mariage cette nuit même.
                    « D'ORSIGNY. »

CHAMPAGNE

C'est tout ce qu'il nous faut [1], et noir sur blanc [2]! Pour le coup, Madame ne doutera plus du consentement de Monsieur votre oncle?

SOPHIE

Ainsi, chère maman, il n'est plus du tout
nécessaire que papa vous écrive, puisqu'il a
écrit à Monsieur.

MADAME D'ORSIGNY

Qu'en pensez-vous, Monsieur Gaspard?

LE NOTAIRE

Mais je vous dirai que cette lettre me parait
assez claire.

MADAME D'ORSIGNY

A la grâce de Dieu, mes enfants! Soyez heureux! Donnez-vous la main, puisque mon mari
lui-même nous envoie le notaire.

D'ORSIGNY

Vite, Champagne! une table, une plume et de
l'encre : nous allons signer tout de suite.

SCÈNE VIII

LE COLONEL D'ORSIGNY, VALCOUR,
LES PRÉCÉDENTS

MADAME DE MIRVILLE

Ciel! mon oncle!

SOPHIE

Mon père!

CHAMPAGNE

Est-ce le diable qui le ramène?

D'ORSIGNY

Oui, le diable! Ce Valcour est mon mauvais
génie!

Que vois-je! mon mari!

VALCOUR, *présentant le colonel d'Orsigny*[1].

Que je me félicite de pouvoir ramener au sein
de sa famille un cher neveu...! (*Apercevant le
jeune d'Orsigny.*) Comment diable, te voilà!...
(*Se tournant vers le colonel d'Orsigny.*) Et qui
donc êtes-vous, Monsieur?

LE COLONEL

Son oncle, Monsieur.

D'ORSIGNY

Mais explique-moi, Valcour....

VALCOUR

Explique-moi toi-même! J'apprends qu'un
ordre est tout prêt, qui te renvoie à ta garnison.... Avec une peine inouïe, j'obtiens qu'il
soit révoqué.... Je saute sur un cheval[2], j'atteins
bientôt la chaise de poste où je pensais te trouver, et je trouve en effet...!

LE COLONEL

Votre serviteur, pestant et jurant contre un
maudit postillon, à qui j'avais donné de l'argent
pour me mener doucement et qui m'emportait
comme le vent.

VALCOUR

Monsieur ton oncle ne juge pas à propos de me
tirer de mon erreur; la chaise retourne vers
Paris, et me voilà.... J'espère, d'Orsigny, que tu
n'as pas à te plaindre de mon zèle.

D'ORSIGNY

Bien obligé, mon cher, des services signalés

que tu m'as rendus! Je suis seulement fâché de la peine infinie que tu t'es donnée.

LE COLONEL

Monsieur de Valcour, mon neveu n'a peut-être pas pour vos bontés toute la reconnaissance qu'il faudrait [1]; en revanche, comptez sur la mienne.

MADAME D'ORSIGNY

Vous n'étiez donc pas en route pour la Russie?

LE COLONEL

Et que diable voulez-vous que j'aille faire en Russie?

MADAME D'ORSIGNY

Mais cette mission [2] importante dont le minis-tère vous chargeait, comme vous l'avez dit à Champagne....

LE COLONEL

C'est donc encore Champagne qui m'a élevé à ce poste d'honneur. Je lui suis infiniment reconnaissant d'avoir pour moi tant d'ambition [3]. — Monsieur Gaspard, vous avez dû trouver chez vous mon billet; je serais bien aise que le con-trat fût signé cette nuit même.

LE NOTAIRE

Rien n'est plus facile, Monsieur! Nous étions précisément sur le point de procéder à cet acte, nonobstant votre absence.

LE COLONEL

Ah! très bien! On se marie parfois sans son père; mais se marier sans le futur, c'est ce que je n'ai jamais vu.

MADAME D'ORSIGNY

Le voilà, le futur : notre cher neveu.

D'ORSIGNY

Oui, mon cher oncle, c'est moi.

LE COLONEL

Mon neveu est un fort joli garçon; mais il n'aura pas ma fille.

MADAME D'ORSIGNY

Quel autre voulez-vous donc qui l'ait?

LE COLONEL

Vous demandez qui? Morbleu! c'est M. de Lormeuil qui l'aura.

MADAME D'ORSIGNY

Il n'est donc pas mort, M. de Lormeuil?

LE COLONEL

Eh! non, Madame; il vit; il est ici. Retournez-vous et voyez-le venir.

MADAME D'ORSIGNY

Quel est donc ce Monsieur qui est avec lui?

LE COLONEL

C'est un valet de pied que Monsieur Champagne a bien voulu lui donner [1].

SCÈNE IX

LES PRÉCÉDENTS, LORMEUIL, *avec son sous-officier, qui s'assied au fond de la chambre.*

LORMEUIL, *au colonel.*

C'est donc vous qui envoyez votre oncle à

Strasbourg à votre place? Cela ne se passera
pas ainsi, Monsieur!

LE COLONEL

Voyez un peu! — Ah çà! Lormeuil, si tu veux
absolument te battre, bats-toi avec mon neveu,
et non pas avec moi.

LORMEUIL, *le reconnaissant.*

Quoi? c'est vous? Et comment avez-vous fait
pour revenir si vite?

LE COLONEL

Remerciez-en M. de Valcour que voici; c'est
lui qui, par amitié pour mon neveu, a couru
après moi à toute bride, et m'a ramené.

D'ORSIGNY

Je ne vous comprends pas, Monsieur de Lormeuil! Ne nous étions-nous pas séparés les meilleurs amis du monde? Ne m'avez-vous pas vous-
même, tantôt, cédé tous vos droits sur la main[1]
de ma cousine?

LE COLONEL

Du tout! du tout! Ne comptez pas là-dessus
du tout[2]! Ma femme, ma fille, ma nièce, mon
neveu, tous ensemble, ne m'empêcheront pas
d'aller jusqu'au bout de ce que j'ai une fois résolu[3].

LORMEUIL

Monsieur d'Orsigny, je suis enchanté de vous
voir de retour d'un voyage que vous ne faisiez
que malgré vous[4].... Mais nous aurons beau dire
et forger des plans de mariage[5], Mlle Sophie n'en
aimera pas moins votre neveu.

LE COLONEL

Je n'entends rien à tout cela. Mais je n'aurai
pas amené en poste Lormeuil de Toulon à Paris,
pour qu'il s'en retourne garçon.

D'ORSIGNY

Pour ce qui est de cela, mon oncle,... on pourrait peut-être arranger les choses de façon que
M. de Lormeuil n'ait pas fait un voyage inutile.... Demandez à ma sœur.

MADAME DE MIRVILLE

A moi? Je n'ai rien à dire.

LORMEUIL

Eh bien, c'est moi qui parlerai.... Monsieur
d'Orsigny, votre nièce est libre : au nom de
l'amitié dont vous vouliez aujourd'hui même me
donner une si grande preuve, je vous en prie,
employez auprès d'elle tout votre crédit, obtenez
que ce soit elle qui répare votre manque de
parole[1].

LE COLONEL

Comment? Quoi?... [*Après avoir vu l'air de
satisfaction de Mme de Mirville, brusquement à
elle et à Lormeuil :*] Eh bien, vous vous épouse-
rez[2]. — Et ce fripon de Champagne payera pour
tout le monde.

CHAMPAGNE

Dieu me damne, Monsieur, si je n'ai pas été, le
premier, dupe de la ressemblance.... Pardon-
nez-moi la petite promenade que je vous ai fait

faire : c'était pour le plus grand bien de mon maitre.

LE COLONEL, *aux deux couples.*
Allons, signez !

FIN

NOTES

—

Dans les cas où l'équivalent français d'une expression allemande en diffère trop pour qu'un lecteur qui n'est pas encore très avancé se rende compte du mot à mot, on donnera ici des traductions plus exactes, comme on ferait dans un juxtalinéaire.

P. 7. — 1. Pour se rendre compte du sens de cet ALS, employé dans le titre allemand, et difficile à traduire sans périphrase, on pourra comparer les passages suivants : Acte II, scène IX : *Sie haben als Vater die Einwilligung gegeben.... Und morgen treten Sie in Ihrer wahren Person als Liebhaber auf.* « Quand vous étiez père (tout à l'heure, quand vous passiez pour être le père, agissant comme père, en qualité de père), vous avez consenti au mariage.... Demain vous allez revenir sous votre vraie figure et comme (en qualité de) amoureux. » — Acte II, scène XV : *Mein Herr und dieser Herr.... sind.... als ganz gute Freunde aus einander gegangen.* « Mon maître et ce Monsieur se sont séparés bons amis » (comme amis, en amis, étant réellement amis).

P. 8. — 1. On a pris pour ce nom la forme, sinon exactement l'écriture, qu'avait adoptée Picard ou son imprimeur. On lit partout dans l'original français Dorsigny : il est naturel de supposer que ce nom contient la particule (il existe un hameau appelé Orsigny). Schiller, qui n'y a pas pris garde, ou qui a voulu mieux marquer dans sa langue la condition de ces personnages, a allongé leur nom d'un *von*, c'est-à-dire d'un second *de*, qu'il est sans doute inutile de conserver. Au lieu du colonel, de Madame, de François *de Dorsigny*, il a paru préférable de dire, comme Picard, le colonel, Madame, le capitaine *d'Orsigny* ou *Dorsigny*.

— 2. Dans le texte français PREMIER et DEUXIÈME GARDE (de la maréchaussée).

— 3. *Littéralement* : « La scène est une salle, avec une porte... qui mène à un jardin. Des deux côtés sont des portes de cabinet. »

P. 9. — 1. *Litt.* : « Est-ce peut-être une jolie femme qui me veut ici donner...? »

P. 11. — 1. *Litt.* : « Je suis ton obéissant serviteur » : formule un peu vieillie pour prendre congé, ou refuser.

P. 13. — 1. *Gnädiger Herr, gnädige Frau, Ihro Gnaden,* « gracieux (clément) Sieur, gracieuse Dame, Votre Grâce », termes de respect répondant au français *Monsieur, Madame* accompagnés d'un nom de titre : *M. le comte,* etc.

— 2. « De cinquante milles loin l'un de l'autre. » Le mille d'Allemagne équivaut à près de deux lieues.

— 3. Dans cette locution l'allemand ajoute les mots *von Herzen,* comme on le fait dans le français : Je vous embrasse de (tout) cœur : « soyez dit de tout cœur le bienvenu, soyez salué de tout cœur ».

P. 15. — 1. *Litt.* : « Qui n'aura pas beaucoup à signifier ».

— 2. *Litt.* : « Je me suis fourré dans... ».

— 3. *Litt.* : « Nous ne savons pas un mot », nous n'en savons pas le premier mot.

P. 16. — 1. « Pour prendre en possession je ne sais quel... », pour prendre possession de....

— 2. « Danser avec », sous-entendu *nous.*

— 3. *Litt.* : « Qu'as-tu donc, frère? qu'est-ce qui se passe en toi? »

— 4. « Maintenant et (ni) jamais. »

— 5. « Que ce funeste mariage arrive à réalisation. »

P. 17. — 1. Champagne met ici dans le mot *Eheherr,* « époux », une certaine emphase ironique.

— 2. « Vous laissez la chose vous plaire », vous y consentez.

— 3. « Vous vous posez comme si vous étiez..., vous vous donnez l'air d'être.... »

— 4. « L'oncle arrive s'avançant-lentement en grand

appareil avec son fiancé. » *Angezogen kommen*, c'est
s'avancer avec une certaine lenteur, une certaine solen-
nité, à pas comptés; il se dit souvent d'un cortège,
d'une masse imposante.... Champagne montre le colonel
arrivant suivi du fiancé qu'il va présenter dans les
formes. L'expression revient plus loin, vers le milieu
de la scène ix de l'acte II, dans le couplet répondant au
3ᵈ alinéa de la page 57 du présent volume.

P. 18. — 1. *Litt.* : « Nous ne devons pas lui laisser le
temps de revenir de l'erreur. Si nous mettons le temps
à profit, nous n'avons aussi bien besoin que d'un moment. »

P. 19. — 1. « Et qui sait ce qui finalement ne pourrait
pas encore fleurir pour moi? » et y a-t-il un florissant,
un brillant avenir auquel je ne pourrais m'attendre?

P. 21. — 1. « Je sais à peine où j'en suis, je me
remets à peine de mon saisissement, je reviens à peine
à moi. »

— 2. « Je ne veux pas déranger, importuner. »

— 3. « Cher mari. »

— 4. La construction est la même que dans : « Il n'adviendra rien de ce mariage » ; mais le sens est unique-
ment : « Ce mariage ne se réalisera en rien ».

P. 22. — 1. « Comme ça un petit libertin. »

— 2. « Il était tombé sur un ferrailleur, il avait ren-
contré un ferrailleur. »

— 3. « Ciel miséricordieux, bonté du Ciel! »

— 4. « Vous pouvez vous le représenter, l'imaginer. »

P. 24. — 1. « Ils ont les choses bien bonnes », la situation est bonne pour eux.

P. 26. — 1. « Dehors avec la parole », la parole dehors!
ne retiens pas ta parole, parle.

— 2. « Dieu [m'en] préserve! »

P. 28. — 1. « Comme agréablement il s'exécute-de-
jouer le père », combien agréablement on joue le père,
le rôle de père.

P. 29. — 1. « Mademoiselle n'est pourtant pas déjà
Madame de Lormeuil? »

P. 30. — 1. « Je l'aime si intimement, que certainement je gagnerai encore son amour. »

P. 31. — 1. « A l'office », dans l'original; à l'office où

7

mangent les domestiques, et où le courrier se propose
de se restaurer à fond.

P. 33. — 1. « Eh, cela s'entend », va de soi : bien
entendu!

P. 34. — 1. « On peut te confier quelque chose », s'en
remettre à toi des choses.

— 2. Littéralement et ironiquement : « Pourquoi
même pas? Tiens, pourquoi pas? » c'est-à-dire ici :
« J'en serais peut-être bien capable (d'oublier)! » Mais,
au fond, le jockey proteste, et la locution équivaut à :
« Par exemple! » et il ajoute : « Je ne vais pourtant pas
être, vous n'allez pas croire que je sois si âne que ça ».

P. 35. — 1. « De ne pouvoir être témoin de cela. » Dans
l'original français, la phrase est tout à fait interrompue
et le sens incertain : « Tout mon regret, c'est de ne pas
être là pour lui témoigner... ».

— 2. « Ce serait le diable! »

P. 37. — 1. « Le bourreau aussi! » Que diable!

P. 38. — 1. « Il se trouvera (où on lui donne rendez-
vous) après table », il ne manquera pas de se rendre
auprès de Monsieur dans l'après-souper.

— 2. « (Au) coup (de) onze heures ».

P. 39. — 1. « Mon intellect s'arrête », ne fonctionne plus.

P. 41. — 1. « Rendre le Lormeuil amoureux de moi. »

P. 42. — 1. « Sont une vraie épreuve de patience pour
leurs maris », sont faites pour mettre à l'épreuve la
patience de leurs maris.

— 2. « Il me faut tout de suite de nouveau (aller) vers ma
compagnie »; je cours, j'y suis tenu, rejoindre mon monde.

P. 43. — 1. « Que veut, que me vient conter » cet être-
là, cet homme-là (que je n'ai jamais vu, qui me paraît
d'espèce bizarre). *Mensch* fait songer à la nature parti-
culière de l'individu, et rend bien ici le mot dont s'est
servi Picard : « Qu'est-ce que c'est que cet original-là? »

P. 44. — 1. « Maintenant celui-ci aussi s'y met. »

P. 47. — 1. « Oui, c'était cela (c'était comme cela),
d'abord. »

P. 50. — 1. « Vos paroles (étant tenues) en honneur »,
sauf tout le respect dû à vos paroles.

— 2. « Est une circonstance. »

P. 51. — 1. « Laissent la chose leur plaire parfaitement »;

souffrent parfaitement la chose, s'en accommodent très bien.

P. 52. — 1. « Parlé vrai! » c'est parler vrai; comme nous disons : « bien dit, bien parlé ».

— 2. Ce tour n'est pas trop correct; mais on reproduit une négligence qui est dans l'allemand et qui sans doute peut passer dans le langage très familier d'une comédie, disons plutôt d'un vaudeville comme celui-ci.

P. 53. — 1. « Vois comment tu lui mettras la tête droite (cette tête qui est à l'envers), en équilibre, comment tu pourras lui faire entendre raison. »

— 2. « Il tiendra (restera) difficile », il y aura de la difficulté, la chose donnera du mal.

P. 54. — 1. « Sera-ce bientôt, est-ce pour bientôt? Maintenant, je pense, ce serait assez, en voilà assez. »

— 2. « Nous n'avancerons pas. »

— 3. « L'humeur plaisante », l'humeur, la disposition de plaisanter où vous êtes.

— 4. Ainsi dit Picard. L'allemand dit plutôt : « Je n'en sors pas ».

P. 55. — 1. « *Comme ci-dessus.* »

P. 56. — 1. « Est réglé, arrangé. »

P. 57. — 1. Voir plus haut, p. 96, la note 4 à la page 17.

— 2. « C'est céleste », divin.

— 3. « (C'est) à ravir. »

P. 58. — 1. « Et je laisserais aller, passer une pareille coquinerie? » après une pareille coquinerie, je laisserais aller les choses? je laisserais impunie une pareille coquinerie?

P. 59. — 1. *Aber so*, « Mais ainsi, mais comme ça », mais comme sont les choses, mais dans la circonstance. Ici, dans la bouche de Champagne, et expliqué par un geste encore quelque peu aviné, le sens est : « Mais quand il est aussi certain, quand je peux me dire, me rendre cette justice... », et il ajoute en pensée : « que je ne me sens pas le moins du monde en pointe de vin ».

— « Mais comme me voilà (dans tout mon bon sens)! »

P. 60. — 1. « S'avance..., et parle, en se retournant, vers l'intérieur de la scène », vers l'intérieur des coulisses.

— 2. « Maintenant ça va commencer », commencer
tout de bon. L'expression est familière et peut faire
entendre, suivant la circonstance où on l'emploie, que la
tempête va se déchaîner, faire rage, l'orage crever, la
querelle éclater, s'échauffer, les coups pleuvoir....

— 3. « Je ne veux pas te faire de mal. — Vous ne
voulez rien me faire, Monsieur? »

P. 61. — 1. « Insensé! »

P. 63. — 1. « Comment est cela? » qu'est-ce?

— 2. « Et lui en retour est aimé. »

P. 64. — 1. « Qu'adviendra-t-il de vous? »

P. 65. — 1. « A la vérité, je devrais en équité être fâché
contre vous à cause de.... »

— 2. « Donc la chose peut, si vous voulez bien, être
bien ainsi », passons, brisons là-dessus, laissons cela.

— 3. « Et ayez pour cela pleinement motif. »

— 4. « Et pour que je le fasse court », pour le faire court.

P. 66. — 1. « Je lui dis qu'il devait à mon avis se faire
passer ces idées. »

P. 67. — 1. « Découvrir, faire voir toute la carte, c'est-
à-dire toutes les cartes, à l'oncle! »

— 2. « Pour les deux plus prochains jours. »

P. 68. — 1. « Je (le dirige et) l'aide à obtenir sa fiancée,
la fiancée de son choix. »

P. 69. — 1. « Bon jeune (bon jeune homme) », ou « cher
jeune (cher jeune homme) », termes de très affectueuse
familiarité.

P. 70. — 1. C'est-à-dire : J'entends que cette affaire n'ait
aucune suite.

— 2. « Mais ce n'est certes pas mon cas », tel n'est
pas mon cas.

— 3. « Mais comme les choses se trouvent être.... »

P. 71. — 1. « Il ne me vient pas du tout en tête, en
idée, de vouloir sortir », je ne me sens pas venir la
plus petite velléité de sortir.

P. 72. — 1. « Vous êtes venus à celui qui n'est pas le
véritable », qui n'est pas la personne que vous cherchez;
vous me prenez pour un autre.

P. 73. — 1. « Est arrêtée, stationne devant la porte. »

P. 75. — 1. Il y a dans Picard : « Ah çà! Messieurs,
quand partons-nous, s'il vous plaît? Voilà une heure

que mes chevaux sont là-bas : ils ne sont pas faits pour
attendre, entendez-vous? »

P. 77. — 1. « Il est résolu (là-haut), je le vois, (que) je
dois (aller) à.... »

P. 79. — 1. *Treuherzig*, ici, « de bonne foi, d'un ton
attendri, d'un ton qui part du cœur, avec une sorte
d'élan et d'effusion ».

— 2. *Garstig*, « vilainement ».

P. 81. — 1. « Et en route avec lui — si tu ne vas
grand train, ça ne compte (*ou* ne comptera) pas — pour
Strasbourg! » Et en route avec lui, à fond de train,
pour Strasbourg!

P. 82. — 1. « C'est un désespéré drôle. »

P. 86. — 1. L'ancienne étiquette allemande avait dressé
toute une liste, minutieusement graduée, de titres et de
formules, sur laquelle il s'en rencontre peu qu'il soit
aisé de faire passer dans notre langue. Jamais chez
nous le respect ne s'est exprimé en des termes d'aussi
basse humilité ou de composition aussi complexe et
ridicule qu'étaient beaucoup de ceux qui se trouvaient
consacrés, en Allemagne, dans le style de cour et de
chancellerie. Ici le Notaire adresse en entrant aux trois
dames et au capitaine le compliment suivant : « Je me
recommande en grâce à toute la hautement bienveillante
compagnie », je supplie toute la compagnie de m'accorder la grâce de sa haute bienveillance. Picard, qui
d'ailleurs écrivait sous la Révolution, fait dire simple-
ment au Notaire : « Je suis le très humble serviteur de
toute la compagnie ». Le reste de l'obséquieux jargon
mis par l'auteur allemand dans la bouche de l'homme
de loi est peu intelligible dans un mot à mot. Voici comment on peut en donner une idée : « Aux ordres de
Votre Grâce, Madame. Il a plu à Monsieur l'époux de
Votre Grâce de se rendre chez moi. — Avant l'absence
de Sa Grâce?... C'est pour cela que Sa Grâce Monsieur
(le colonel) a eu (*littéralement*, « ont eu ») tant de hâte,
et n'a pas (« n'ont pas ») consenti à m'attendre. La Haute-
dite(Grâce) m'a laissé un billet. Que Votre Grâce veuille le
lire ». Mais il y a maint détail qu'on ne peut absolument
pas rendre; par exemple : la forme plurielle donnée
aux verbes ayant pour sujet un nom de titre comme

Sa Grâce; le préfixe *hoch* qui orne l'espèce de pronom personnel *dieselben*; l'effet sonore des possessifs *Dero* et *Ihro*.

P. 87. — 1. « Voilà que nous tenons la chose », le consentement.

— 2. « Et noir sur blanc! » c'est-à-dire : « Et par écrit encore! »

P. 89. — 1. *Der ältere Dorsigny*, « le plus âgé des deux D'Orsigny »; plus loin, *der jüngere Dorsigny*, « le plus jeune des deux D'Orsigny ».

— 2. « Je me jette sur le cheval », m'élance à cheval, je saute en selle.

P. 90. — 1. *Die gehörige Dankbarkeit*, « la reconnaissance convenable ».

— 2. « Que diable devrais-je (faire) en Russie? — Eh! (n'y alliez-vous pas) en vue de la mission.... »

— 3. « De ce qu'il veut (aller) si haut avec moi. »

P. 91. — 1. « Un valet de chambre que M. Champagne a bien voulu lui donner au côté », que M. Champagne lui a procuré pour aller à sa suite.

P. 92. — 1. « Toutes vos prétentions à la main de ma cousine. »

— 2. « Rien, rien, il n'adviendra rien de cela », c'est-à-dire cela ne sera pas (comme plus haut, p. 21, au 4ᵉ renvoi, et p. 70, au 1ᵉʳ renvoi).

— 3. « Ne m'empêcheront pas de faire aller, de faire passer ma volonté au travers (de tout) », ne m'empêcheront pas d'aller jusqu'au bout de ce que je veux, jusqu'au bout de ma résolution, ne me feront pas démordre.

— 4. « D'un voyage que vous avez commencé, entrepris malgré vous. »

— 5. Ici Schiller paraît bien avoir donné tout à fait à *wir haben gut reden...* le sens de « nous avons beau dire... », employé par Picard. — D'ordinaire la locution allemande s'emploie dans le sens non ironique qu'avait primitivement la locution française *avoir beau* (par exemple dans ce proverbe : « A beau mentir qui vient de loin ») : *Wir haben gut reden*, « Il nous est aisé, commode de parler ainsi, permis à nous de parler ainsi » (pour d'autres c'est bien différent).

P. 93. — 1. « Employez... tout votre crédit, afin qu'elle soit disposée, elle, à réparer votre manque de parole envers moi. »

— 2. (Ah! vous êtes d'accord, eh bien, soit!) « vous deviendrez un couple; j'y consens, vous allez former un couple. »

FIN DES NOTES

Coulommiers. — Imp. Paul BRODARD.

TRADUCTIONS FRANÇAISES
D'AUTEURS CLASSIQUES ALLEMANDS

FORMAT IN-16, BROCHÉ

Le nom du traducteur est entre parenthèses

Auerbach. *Choix de récits villageois de la Forêt-Noire.*
(M. LANG), 1 vol. . . . . 3 fr. 50

Benedix. *Le procès* (Mᵐᵉ BOUFFENOT), avec le texte. 1 v. 75 c.
— *L'entêtement* (M. LANG), avec le texte. 1 vol. . . 75 c.

Chamisso. *Pierre Schlémihl.* 1 vol. . . . . . 1 fr.

Gœthe. *Campagne de France* (M. PORCHAT). 1 vol. . 2 fr.
— *Faust,* 1ʳᵉ partie. (Traduction de M. PORCHAT, revue par
M. BÜCHNER). 1 vol. . . . . 2 fr.
— *Hermann et Dorothée* (M. BENJAMIN LÉVY), avec le texte.
1 vol. . . . . 1 fr. 50
— *Iphigénie en Tauride* (M. B. LÉVY), avec le texte. 1 vo-
lume . . . . 2 fr.
— *Le Tasse* (M. Jacques PORCHAT), avec le texte. 1 vol. 2 fr.

Hauff. *Lichtenstein* (M. DE SECKAU). 1 vol. . . . 1 fr. 25

Hoffmann. *Le tonnelier de Nuremberg* (MM. JEANNERET ET
MALVOISIN). 1 vol. . . . . 1 fr.

Kleist (de). *Michaël Colas* (Mᵐᵉ Ida BECKER), avec le texte.
1 vol. . . . . 2 fr. 50

Kotzebue. *La petite ville allemande* (M. DESFEUILLES) avec
le texte. 1 vol. . . . . 2 fr.

Krummacher. *Parabole* (Abbé BRITAIN). 1 vol. . 1 fr. 25

Lessing. *Dramaturgie de Hambourg* (M. DESFEUILLES), avec
le texte. 1 vol. . . . . 3 fr.
— *Lettres sur la littérature moderne et lettres archéologiques*
(M. COTTLER). 1 vol. . . . . 2 fr. 50
— *Laocoon* (M. COURTIN). 1 vol. . . . . . 2 fr.
— *Minna de Barnhelm* (M. LANG). 1 vol. . . . 2 fr.

Niebuhr. *Histoires tirées des temps héroïques de la Grèce*
(Mᵐᵉ KOCH), avec le texte. 1 vol. . . . . 1 fr. 75

Schiller, *Histoire de la guerre de Trente ans* (M. Ad. RE-
GNIER). 1 vol. . . . . 3 fr. 50
— *Histoire de la Révolte des Pays-Bas* (M. Ad. REGNIER).
1 vol. . . . . 3 fr.
— *Guillaume Tell* (M. FIX), avec le texte. 1 vol. 2 fr. 50
— *La fiancée de Messine* (M. Ad. REGNIER), avec le texte.
1 vol. . . . . 2 fr.
— *Jeanne d'Arc* (M. Ad. REGNIER). 1 vol. . . 2 fr.
— *Marie Stuart* (M. FIX), avec le texte. 1 vol. . 4 fr.
— *Wallenstein* (M. Ad. REGNIER). 1 vol. . . . 3 fr.

Schiller et Gœthe. *Extraits de leur correspondance* (M. B.
LÉVY). 1 vol. . . . . 3 fr. 50

Schmid. *Cent petits contes* (M. S. MENNINE). 1 vol. 2 fr.